FICHES détachables

1re et Tle STMG

Objectif BAC

Management, Sciences de gestion et numérique

Nicolas BLOCH

Stépha

Delphine

hachette
ÉDUCATION

Pour réviser efficacement !

Des fiches synthétiques et complètes

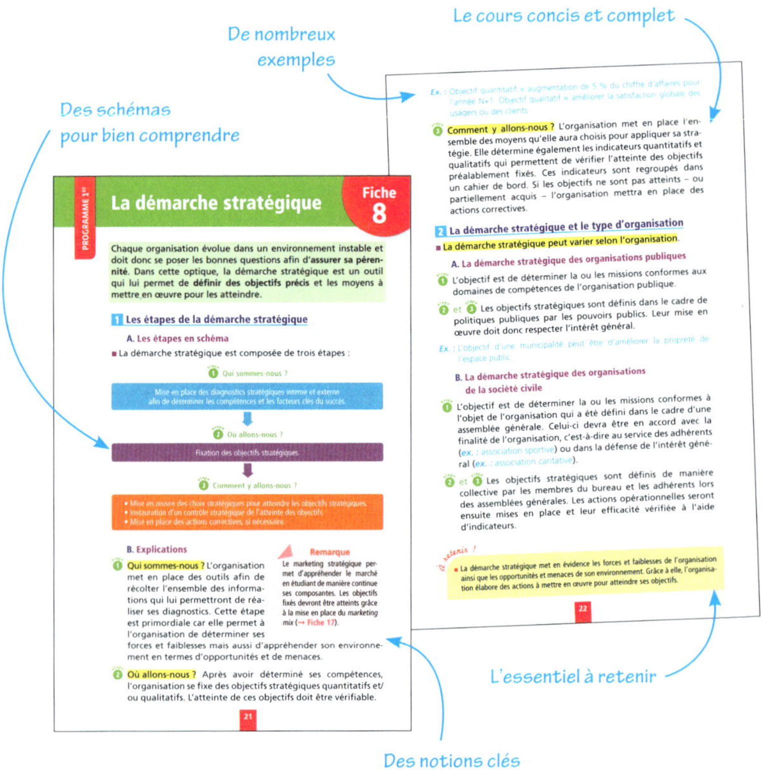

Conception graphique
Couverture : Stéphanie Benoit
Intérieur : Mélissa Chalot

Réalisation
Couverture : Stéphanie Benoit
Mise en pages et schémas : Cécile Rabataud, Ma petite FaB
Responsable de projet : Justine Massel, N. Dauchart

www.parascolaire.hachette-education.com
ISBN : 978-2-01-790134-1

Achevé d'imprimer en mars 2025 en France par l'imprimerie Chirat
Dépôt légal : avril 2025 - Edition 01

Sommaire

Présentation des épreuves de Management, sciences de gestion et numérique

Durée : 4 heures
Notation : sur 20 points
Coefficient : 16

1 L'épreuve écrite

A. Le principe

■ L'épreuve prend appui sur les programmes de management et de sciences de gestion et numérique de la classe de Première et sur la partie « enseignement commun » du programme de management, sciences de gestion et numérique de la classe de Terminale.

■ Le sujet qui vous est remis se présente sous la forme de **plusieurs dossiers composés de documents accompagnés de questions portant sur un ou plusieurs des thèmes abordés dans les programmes** sur lesquels porte l'épreuve.

B. Les objectifs

■ L'épreuve vise à évaluer votre capacité à **analyser une ou plusieurs situations liées au fonctionnement et au management d'une ou plusieurs organisations réelles**, c'est-à-dire :
– exploiter une documentation concernant ces organisations ;
– caractériser les situations managériales et/ou de gestion proposées ;
– proposer, présenter et justifier une solution ;
– mettre en œuvre les méthodes, techniques et outils appropriés ;
– montrer l'intérêt et les limites des méthodes, techniques et outils employés.

C. Les conseils pour réussir l'épreuve

■ Tenez compte du barème présenté qui est représentatif du temps qui doit être consacré au traitement des questions.

■ Regroupez les documents se trouvant en annexes par question à traiter.

■ Après avoir lu une question, surlignez directement les éléments utiles à la réponse dans le document concerné afin de ne pas avoir à le relire plusieurs fois.

■ Tenez compte du verbe introduisant la question pour déterminer la nature de la réponse à fournir :

définir/identifier	→ la connaissance des notions de cours
décrire/expliquer	→ la compréhension et l'illustration des notions
analyser/comparer/calculer	→ l'application des méthodes et l'analyse des résultats
proposer/concevoir/créer	→ la synthèse de vos idées
comparer/sélectionner	→ l'évaluation de vos propositions

■ Évitez d'adopter un style rédactionnel exhaustif sauf si cela est expressément demandé.

■ Privilégiez :
- les phrases synthétiques ;
- les énumérations pour des argumentations du type « donnez plusieurs raisons qui... » ;
- les tableaux si vous devez présenter un calcul ou pour une argumentation du type « avantages/inconvénients ».

■ Justifiez les réponses que vous apportez en vous appuyant sur les notions de cours et **en les reliant à la situation présentée dans les documents**.

Ex. : Il s'agit d'une motivation hédoniste qui consiste à se faire plaisir ; en effet, les clients achètent de plus en plus de plats préparés haut de gamme...

2 L'épreuve orale de contrôle (rattrapage)

A. Les objectifs et principe

Durée : 20 minutes
Préparation : 40 minutes

■ L'épreuve orale de contrôle poursuit les mêmes objectifs que l'épreuve écrite.

■ Pendant le temps de préparation, vous disposez d'un sujet proposant un questionnement construit à partir d'une situation liée au fonctionnement et au management d'une ou plusieurs organisations réelles, et portant sur les programmes de management et de sciences de gestion et numérique de la classe de Première, et de l'enseignement commun du programme de management, sciences de gestion et numérique de la classe de Terminale.

■ Vous disposez de 10 minutes pour présenter les réponses aux questions ; puis pendant 10 minutes, l'examinateur vous demande d'expliciter, d'approfondir et de justifier vos réponses.

■ L'examinateur est un professeur ayant en charge l'enseignement de management et/ou de sciences de gestion et numérique de la classe de Première et/ou de management, sciences de gestion et numérique de la classe de Terminale.

B. Les conseils pour réussir l'épreuve

■ Vous disposez d'un mini-sujet ressemblant à celui de l'étude de cas écrite. Vous devez donc appliquer les mêmes méthodes.

■ Cependant, le temps accordé au traitement des questions est assez limité.

■ Notez vos éléments de réponses sur le brouillon qui vous est fourni.

■ Évitez de rédiger les réponses car il s'agit d'une épreuve orale.

Les types d'organisations

Il existe une **grande variété d'organisations,** chacune ayant ses propres caractéristiques. Un certain nombre de **critères distinctifs** permettent de les différencier.

1 Les entreprises

Forme	Entreprise
Type	• Entreprise privée. • Entreprise publique.
Taille de l'organisation	• TPE : 0 à 9 salariés. • PME : 10 à 249 salariés. • ETI : 250 à 5 000 salariés. • Grande entreprise : plus de 5 000 salariés.
But, finalités	• But lucratif (finalité économique). • Autres finalités : sociale, sociétale, environnementale.
Statut juridique	Entreprise individuelle, SA, SARL, etc.
Nationalité	Pays où est implanté le siège social de l'organisation.
Secteur	Primaire, secondaire, tertiaire.
Ressources	• Financières : capitaux, emprunts, profits. • Matérielles : locaux, équipements, unités de production et de distribution. • Immatérielles : brevet, marque, savoir-faire. • Humaines : salariés, dirigeants.
Nature de l'activité	Réalisation de biens ou de services (ou les deux).
Champ d'action géographique	Local, régional, national, international.
Répartition du pouvoir	Organes de décision (PDG, associés, etc.).

Remarque

Lors de l'épreuve du Bac, les caractéristiques distinctives de l'organisation sont indiquées dans les documents et les annexes.

2 Les organisations publiques

Forme	Organisation publique
Type	État, collectivités territoriales, régions, départements, communes, administrations hospitalières.
But, finalité, mission	• But non lucratif. • Production de services publics. • Gestion du domaine public.
Statuts juridiques possibles	• Administration centrale. • Administration locale. • Établissements publics (hôpitaux).

Ressources	• Financières : emprunts, impôts, taxes, cotisations, subventions, paiement partiel du prix par l'utilisateur. • Matérielles : locaux, équipements. • Immatérielles : site Internet, logo, savoir-faire. • Humaines : élus, fonctionnaires, agents contractuels.
Nature de l'activité	• Prestation de services publics. • Gestion des biens publics.
Champ d'action géographique	• État : national. • Région : régional. • Département : départemental. • Commune : communal. • Hôpital : local.
Répartition du pouvoir	Organe de décision (président, comité de direction, etc.).

3 Les organisations de la société civile (OSC)

Forme	Association
Types d'associations possibles	• Association loi 1901. • Syndicat. • Organisation non gouvernementale.
But, finalité, mission	• But non lucratif. • Satisfaction des adhérents. • Mission de service public.
Statuts juridiques possibles	• Association loi 1901 (concerne la plupart des associations). • Autres types d'associations : syndicat régi par le Code du travail, association de solidarité internationale pour les ONG, etc.
Ressources	• Financières : cotisations, dons, legs, subventions, mécénat, produit de ventes, emprunts bancaires. • Matérielles : locaux, équipements. • Immatérielles : site Internet, logo, savoir-faire. • Humaines : bénévoles, salariés.
Nature de l'activité	• Prestation de services privés pour satisfaire les adhérents. • Mission de service public : santé, éducation, solidarité, humanitaire, culture, sport et loisirs.
Champ d'action géographique	• ONG : international. • Association : local, national.
Répartition du pouvoir	Organes de décision (assemblée générale des adhérents, président, etc.).

à retenir !

- Les organisations sont classées en trois catégories : les entreprises, les organisations publiques et les organisations de la société civile. Ce sont leur statut, leur but et leur finalité qui permettent de les différencier.

PROGRAMME 1RE

Les finalités des organisations

Fiche 2

La finalité d'une organisation correspond à sa **raison d'être**. Il s'agit du **but général** justifiant sa création, son existence. En fonction du type d'organisation, les finalités sont différentes.

1 Les différentes finalités des organisations

A. La finalité lucrative

- Dans ce cas, le but de l'organisation est la création de richesses par la réalisation de profit (somme restant à l'entreprise après règlement de toutes ses charges).
- C'est le profit qui permet à l'entreprise d'assurer sa pérennité.

B. La finalité non lucrative

- Ce type de finalité correspond à la satisfaction des citoyens sans recherche de réalisation de profit.

C. La finalité sociale

- Les organisations à finalité sociale ont à cœur de mettre leurs salariés dans un confort de travail maximal en leur offrant des conditions d'exercice satisfaisantes.
- La finalité sociale s'étend également aux relations avec les clients et les fournisseurs.

D. La finalité sociétale

- La finalité sociétale correspond à la prise en compte des problématiques de la société *via* la mise en œuvre d'actions humanitaires, caritatives ou culturelles.

E. La finalité environnementale

- Avec cette finalité, l'organisation intègre une prise en compte des problématiques environnementales en réduisant sa consommation énergétique, ses déchets, en favorisant le recyclage et en incitant à la limitation de l'utilisation de papier.

2 Les finalités en fonction du type d'organisation

A. L'entreprise privée

- Par définition, une entreprise privée est une organisation qui combine des facteurs de production dans l'optique de fournir des **biens** et des **services**.

Bien et service

- **Bien :** il a une existence matérielle, il est stockable et palpable (*ex. :* un livre).
- **Service :** il est immatériel, non stockable et non palpable (*ex. :* un cours particulier).

■ Ces services et biens sont distribués sur un marché, et l'entreprise réalise un profit.

Les finalités de l'entreprise privée

1. Finalité lucrative
2. Finalité sociale
3. Finalité sociétale
4. Finalité environnementale

B. Les organisations et entreprises publiques

■ Les organisations ou entreprises publiques ont une finalité non lucrative. Elles sont au service des citoyens, sans rechercher le profit, en assurant une mission de service public et en gérant les biens publics.

■ Le service public remplit quatre missions principales : éducation, santé, sécurité et justice. Il le fait en respectant les principes suivants : continuité du service public, égalité devant le service public, adaptabilité ou mutabilité du service public.

C. Les organisations de la société civile (OSC)

■ Les OSC ont un but non lucratif. Elles n'ont pas vocation à gagner de l'argent et, si c'est le cas, ce dernier doit être obligatoirement réutilisé dans le cadre de la finalité des OSC.

■ Les OSC peuvent proposer des services non marchands dans le but de satisfaire leurs adhérents et/ou réaliser une mission de service public pour la population.

■ Les grandes missions assurées par les OSC sont les suivantes :

- Loisirs (*ex. :* associations sportives, culturelles, etc.).
- Défense des intérêts des membres (*ex. :* syndicats, association de parents d'élèves, etc.).
- Rôle caritatif, humanitaire (*ex. :* Les Restos du Cœur, le Téléthon, etc.).
- Diffusion et promotion d'idées, d'œuvres (*ex. :* théâtres, partis politiques, Ligue de la défense des droits de l'homme, WWF, etc.).

À retenir !

■ Les finalités varient en fonction du type de l'organisation et influencent son fonctionnement.

Les fonctions du management

Les organisations doivent s'appuyer sur les actions de leurs **managers** pour assurer leur **performance**. Ces actions sont reliées à des fonctions managériales.

1 Les fonctions du management

- Le management correspond à la manière de diriger et de gérer une organisation en prenant des décisions.
- Le management se décline en quatre fonctions :

Fonction	Explication
❶ Fixer des objectifs	Le manager doit fixer les objectifs et donner une ligne de conduite à tenir pour atteindre ces derniers.
❷ Organiser, animer	Le manager a la charge de déterminer les moyens à mettre en œuvre pour atteindre les objectifs et réaliser les résultats escomptés.
❸ Mobiliser, contrôler	Le rôle du manager est de motiver les salariés en les impliquant dans les activités de l'organisation.
❹ Évaluer	Le manager va procéder à la vérification des résultats obtenus par rapport aux objectifs fixés.

2 Le management en détail

- Le management peut prendre deux formes complémentaires :
  – le management stratégique ;
  – ou le management opérationnel.
- Les deux formes se distinguent ainsi :

Le management stratégique	Le management opérationnel
• Concerne les dirigeants des organisations. • Engage les organisations sur le long terme, de manière irréversible. • Demande un investissement financier relativement important.	• Concerne le personnel encadrant (cadres, managers). • Est dédié au bon fonctionnement de l'organisation ou à l'application des décisions. • Engage l'organisation sur le court ou le moyen terme.

3 Les facteurs de contingence

■ L'environnement des organisations est instable. Il est influencé par des **facteurs de contingence**.

■ Les facteurs de contingence peuvent être internes ou externes. On parle de facteurs internes lorsqu'ils sont propres à l'organisation et de facteurs externes lorsqu'ils sont extérieurs et indépendants de l'organisation.

Facteurs de contingence
Éléments internes ou externes à l'organisation qui influencent de manière déterminante les actions et décisions managériales.

Les facteurs de contingence

Facteurs internes	• Taille de l'organisation • Personnalité des dirigeants • Culture de l'organisation
Facteurs externes	• Contexte économique • Lois et réglementations • Évolutions technologiques

■ La prise en compte des facteurs de contingence pèse sur les décisions managériales et le fonctionnement de l'organisation.

À retenir !

- Le manager s'appuie sur quatre fonctions qui lui permettent de piloter les activités des membres de l'organisation dans un souci de pérennité.
- La difficulté du management est liée au fait que les organisations évoluent dans un environnement en perpétuelle mutation.

L'organisation et son écosystème

L'organisation évolue dans un **système complexe au sein d'un écosystème**. Elle doit sans cesse tenir compte des intérêts respectifs et, parfois, divergents des acteurs internes et externes concernés par ses activités.

1 La notion de partie prenante

■ Une partie prenante est un individu ou groupe d'individus qui peut influencer ou être influencé par les décisions d'une organisation, ses activités et ses conséquences.

L'organisation et les parties prenantes

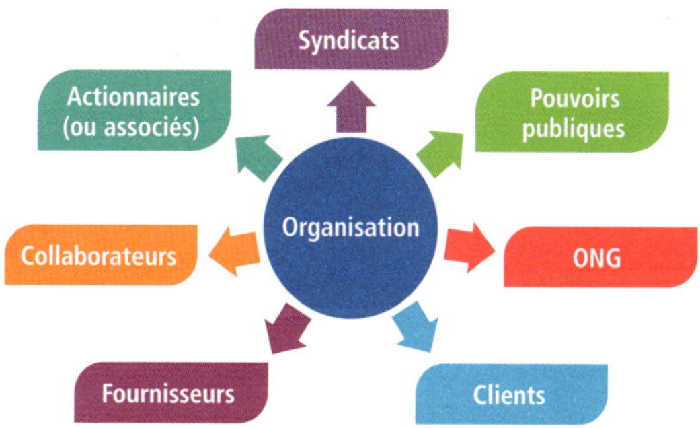

2 Les parties prenantes internes

A. Les salariés et les syndicats

■ Les salariés contribuent à l'activité de l'organisation ainsi qu'à son bon fonctionnement. En échange, ils perçoivent une rémunération et attendent de bonnes conditions de travail.

■ Ils peuvent représenter un contre-pouvoir avec des moyens d'action comme la grève. Ils ont également la possibilité de saisir la justice en cas de manquement aux règles juridiques par l'organisation.

■ De plus, le personnel de l'entreprise peut être représenté *via* un comité social et économique (CSE), un délégué syndical et un représentant de la section syndicale (RSS). Ces derniers sont également des contre-pouvoirs qui défendent les intérêts (individuels ou collectifs) des salariés.

B. Les propriétaires et les dirigeants

■ Ils apportent les **capitaux**, prennent les décisions stratégiques, cherchent à maximiser le profit et à pérenniser l'activité de l'entreprise.

■ Les actionnaires sont propriétaires d'une partie du capital et perçoivent des dividendes en contrepartie de leur apport financier (→ Fiche 22).

Capitaux
Les capitaux fournis par les actionnaires représentent l'apport financier. En contrepartie, ils seront détenteur d'actions de l'entreprise.

C. Des intérêts contradictoires

Les attentes des salariés	Les attentes des actionnaires
Ils veulent une juste rétribution de leur travail qui leur permettra de vivre décemment et même d'accroître leur niveau de vie.	Les apporteurs de capitaux souhaitent un retour sur leur investissement financier assez important pour les inciter à continuer d'investir.

■ Ces attentes peuvent donc être contradictoires. Des compromis sont nécessaires pour éviter les conflits (→ Fiche 5).

3 Les parties prenantes externes

A. Les clients

■ Les clients contribuent à la réalisation des objectifs en participant au chiffre d'affaires. Leurs attentes concernent le rapport qualité-prix et la satisfaction engendrée par l'achat. Ils peuvent influencer les décisions de l'entreprise par des appels à boycotter.

B. Les fournisseurs et les partenaires

■ Les fournisseurs apportent les biens et les services qui vont être utilisés pour la production de l'organisation. Leurs attentes portent essentiellement sur les prix et la solvabilité de l'organisation. Ils peuvent influencer les décisions de l'entreprise notamment en ce qui concerne les prix.

■ L'organisation peut également être influencée par les choix hasardeux de son fournisseur qui peuvent avoir des répercussions indirectes sur la qualité de sa production.

C. Les autres parties prenantes externes

■ Les organisations sont aussi influencées, ou peuvent influencer, d'autres organisations comme les collectivités territoriales, les banques ou encore les syndicats.

À retenir !

■ Les organisations évoluent dans un écosystème où elles interagissent avec des parties prenantes qui peuvent être internes (salariés et propriétaires) ou externes (clients, fournisseurs et partenaires).

Les conflits et le consensus

Fiche 5

Les **bonnes relations** amènent une **cohésion d'équipe** et sont sources de **performance** dans les organisations. À l'inverse, lorsque les relations sont entachées de problèmes, on parle de **conflits**.

1 Les caractéristiques du conflit

■ Il existe deux types de **conflits** :
– le conflit ouvert : conflit exprimé, visible ; les acteurs ont donné leur point de vue ;
– le conflit larvé ou latent : conflit non exprimé ; caractérisé par un sentiment de malaise.

Conflit
Situation dans laquelle les individus ou groupes d'individus s'opposent pour des objectifs différents.

2 Les sources du conflit

Conflit d'identité	Deux ou plusieurs individus s'opposent sur leurs qualités personnelles.
Conflit d'idéologie	Il repose sur les croyances, la façon de penser des individus qui composent le groupe et qui peuvent avoir des points de divergence forts.
Conflit d'intérêt	Il apparaît lorsqu'une personne se sent menacée sur un avantage particulier qu'elle possède.
Conflit de pouvoir	Il fait apparaître une mauvaise définition ou répartition des rôles des individus. Le flou entraîne un conflit entre les personnes qui se sont attribuées des tâches.

3 Les différents comportements face au conflit

Les comportements positifs

- **La coopération :** l'individu montre une envie de négocier, de discuter.
- **Le compromis :** les individus font des concessions pour que la majeure partie soit satisfaite par la solution.

Les comportements de fuite

- **L'évitement :** l'individu remet la conversation à plus tard.
- **L'acceptation :** l'individu accepte sans être d'accord ni même convaincu.

4 Les conséquences du conflit

■ Les conflits engendrent des conséquences à plusieurs niveaux pour les organisations :

Conséquences financières	Pendant le conflit, la cadence de travail peut être ralentie, voire stoppée, avec une perte de productivité.
Mauvaise image	En interne, le conflit peut toucher les salariés ; en externe, les clients, les fournisseurs. Conséquences : une perte de confiance entre les parties.
Ressources humaines	Les conflits peuvent entraîner une démotivation des salariés, des arrêts de travail, des tensions au sein des équipes.

5 Le consensus

■ Dans les organisations, on parle de consensus quand il y a **accord** entre les individus.

■ Pour arriver à un consensus, les organisations disposent des solutions suivantes :

Accord

Il s'agit ici d'un arrangement qui satisfait le plus grand nombre et qui permet d'avancer dans le conflit.

Le recours à un tiers	**L'arbitrage**	Un arbitre extérieur au conflit est désigné pour mettre fin au conflit et imposer une décision.
	La médiation	Cela consiste à désigner une personne neutre pour restaurer le dialogue et trouver un accord.
La négociation directe		Chaque individu peut exposer et argumenter son point de vue afin de trouver une issue au conflit.

À retenir !

■ Les relations de groupe peuvent être entachées de problèmes que l'on appelle conflits. La résolution des conflits passe par un consensus.

Le travail à distance et la mobilité

Avec le développement des **TIC**, le travail à distance se trouve facilité. De plus en plus d'organisations permettent à leurs salariés de réaliser tout ou partie de leurs tâches **en dehors du bureau traditionnel.**

1 Le travail à distance ou télétravail

A. Définition

■ Le concept de travail à distance vient des États-Unis. Il est en lien direct avec le développement des nouvelles technologies.

■ Le télétravail permet au salarié d'effectuer sa mission de travail en dehors des murs de l'organisation, c'est-à-dire depuis son domicile ou depuis un espace dédié (espace de *coworking*).

TIC

Acronyme de « technologies de l'information et de la communication ». Désigne l'ensemble des techniques et équipements informatiques qui permettent de communiquer à distance.

B. Les différents espaces de travail à distance

Type d'espace	Implications	Avantages	Inconvénients
Le domicile du salarié	• Le salarié doit posséder un espace de travail personnel, un outil informatique et une connexion Internet de qualité. • Il a l'obligation de se rendre régulièrement dans les locaux de l'organisation.	• **Pour les salariés :** autonomie, gestion du temps de travail, reconnaissance, gains de temps grâce à l'absence de trajets. • **Pour les entreprises :** réduction des coûts et augmentation de la productivité.	• **Pour les salariés :** sentiment d'isolement. • **Pour les entreprises :** absence de contrôle permanent.
Le *coworking* ou espace de travail partagé	• S'apparente à de la colocation professionnelle. • L'entreprise paie la location d'un espace de travail pour le(s) salarié(s). • Ces derniers partagent les locaux avec des utilisateurs d'autres entreprises.	• **Pour les salariés :** rencontre avec d'autres *coworkers* favorisant la créativité, autonomie, confiance de l'employeur. • **Pour les entreprises :** réduction des coûts et augmentation de la productivité.	• **Pour les salariés :** sentiment de ne pas travailler pour l'employeur. • **Pour les entreprises :** absence de contrôle permanent.

2 Les outils du télétravail

A. Les espaces de travail virtuels

■ Le télétravail ou *coworking* est possible grâce aux évolutions technologiques. L'apparition des espaces de travail virtuels en fait partie.

■ Il s'agit d'utiliser les applications de travail de manière dématérialisée *via* un espace personnel digitalisé. Un serveur indépendant et distant de l'entreprise contient les outils et données de l'entreprise. Le salarié peut les utiliser grâce à un accès à Internet. Il existe donc un intermédiaire « virtuel » entre le salarié et l'entreprise.

■ Les outils les plus répandus sont le *cloud computing* (→ Fiche 37), le DaaS (*Desktop as a Service* → Fiche 62) ou encore le VDI (*Virtuel Desktop Infrastructure* → Fiche 62).

B. La sécurité des données

■ L'utilisation des bureaux virtuels permet d'accéder aux données de l'organisation depuis n'importe quel terminal et de s'adapter à la demande des entreprises. Néanmoins, il faut être conscient du problème de la sécurité des données lié à la dématérialisation.

Remarque

Le stockage en ligne requiert une grande vigilance afin d'éviter le risque de piratage des données confiées à un tiers. Lorsque des données sont piratées, on parle de cybercriminalité.

À retenir !

■ Grâce aux TIC, les salariés ont des outils à disposition pour travailler en dehors des murs de l'organisation. Cette nouvelle forme de travail comporte des avantages et des inconvénients pour les salariés comme pour les organisations.

Les liens du travail

Fiche 7

L'environnement des organisations est en perpétuelle évolution. Ainsi, les liens de travail, notamment les **contrats**, changent et doivent s'adapter. Dans le même temps, un **régime d'entrepreneur individuel** a vu le jour pour permettre la création d'entreprise de manière simplifiée.

1 La contractualisation

A. La contractualisation en schéma

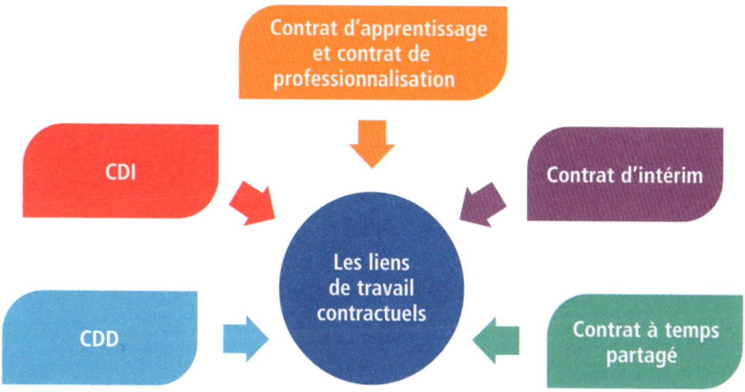

B. Les caractéristiques de chaque type de contrat

■ Le CDD (contrat à durée déterminée). Il est utilisé seulement dans le cadre d'une tâche bien définie et limitée dans le temps, lors du remplacement d'un autre salarié ou face à une hausse temporaire de l'activité dans l'organisation. Il est renouvelable deux fois, sans dépasser la limite maximale autorisée (fixée à 18 mois). Certains emplois peuvent bénéficier d'aménagements du CDD (***ex. :*** le CDD« sénior » est de 18 mois, possibilité de le renouveler une fois, mais la durée du contrat initial et du renouvellement ne peut excéder 36 mois.).

■ Le CDI (contrat à durée indéterminée). Il concerne les entreprises souhaitant embaucher un salarié pour une période pérenne.

■ Le contrat d'apprentissage ou le contrat de professionnalisation. Il concerne les formations en alternance (le choix du contrat dépendra du profil de l'alternant). Il permet à la personne qui en bénéficie de combiner l'acquisition de savoirs généraux, professionnels et techniques à la pratique en entreprise pour parfaire sa formation.

■ Le contrat d'intérim. Il est réglementé pour éviter les abus et peut être utilisé dans les cas suivants : remplacement d'un salarié, accroissement temporaire d'activité ou emploi saisonnier.

■ Il s'agit d'un contrat entre trois parties : l'entreprise, l'agence d'intérim et l'intérimaire. Une fois le contrat signé par tous, c'est l'agence d'intérim qui sera considérée comme l'employeur de l'intérimaire. C'est donc elle qui lui versera ses salaires et assurera le suivi de sa mission.

■ L'intérim est plus onéreux qu'un contrat de travail classique (CDD ou CDI), néanmoins il offre plusieurs avantages à l'organisation :
– pas ou peu de formalités administratives ;
– pas de recrutement à gérer.

■ Le contrat à temps partagé. Il s'agit d'un contrat qui inclut plusieurs personnes physiques ou morales qui ont créé un groupement d'employeurs sous forme d'association loi 1901. Ce contrat permet de recruter des salariés et de mettre ces derniers à disposition des membres du groupement. Il répond à deux besoins :
– des besoins à temps partiel ;
– des besoins saisonniers récurrents.

2 L'auto-entrepreunariat

■ Un auto-entrepreneur est un entrepreneur individuel au régime micro-social (ou micro-fiscal simplifié).

■ L'auto-entrepreneur paie ses charges et ses impôts sur la base de son chiffre d'affaires.

■ Toutes les activités peuvent être exercées avec ce statut, à quelques exceptions près (exploitation agricole, activités libérales, etc.).

Remarque

Les seuils annuels de CA ou de recettes sont plafonnés pour les auto-entrepreneurs (188 700 euros pour les activités de vente de marchandises, de vente à consommer sur place ou de fourniture de logement ; 77 700 euros pour les prestations de services). Si le plafond est dépassé, l'auto-entrepreneur devra changer de régime.

À retenir !

■ Tout un panel de possibilités s'offre aux organisations pour régir les liens de travail. Il est important pour l'organisation de choisir le contrat en fonction de ses besoins et de ses perspectives.

La démarche stratégique

Fiche 8

Chaque organisation évolue dans un environnement instable et doit donc se poser les bonnes questions afin d'**assurer sa pérennité**. Dans cette optique, la démarche stratégique est un outil qui lui permet de **définir des objectifs précis** et les moyens à mettre en œuvre pour les atteindre.

1 Les étapes de la démarche stratégique

A. Les étapes en schéma

■ La démarche stratégique est composée de trois étapes :

étape 1 Qui sommes-nous ?

Mise en place des diagnostics stratégiques interne et externe afin de déterminer les compétences et les facteurs clés du succès.

↓

étape 2 Où allons-nous ?

Fixation des objectifs stratégiques.

↓

étape 3 Comment y allons-nous ?

- Mise en œuvre des choix stratégiques pour atteindre les objectifs stratégiques.
- Instauration d'un contrôle stratégique de l'atteinte des objectifs.
- Mise en place des actions correctives, si nécessaire.

B. Explications

étape 1 Qui sommes-nous ? L'organisation met en place des outils afin de récolter l'ensemble des informations qui lui permettront de réaliser ses diagnostics. Cette étape est primordiale car elle permet à l'organisation de déterminer ses forces et faiblesses mais aussi d'appréhender son environnement en termes d'opportunités et de menaces.

Remarque

Le marketing stratégique permet d'appréhender le marché en étudiant de manière continue ses composantes. Les objectifs fixés devront être atteints grâce à la mise en place du *marketing mix* (→ Fiche 17).

étape 2 Où allons-nous ? Après avoir déterminé ses compétences, l'organisation se fixe des objectifs stratégiques quantitatifs et/ou qualitatifs. L'atteinte de ces objectifs doit être vérifiable.

Ex. : Objectif quantitatif = augmentation de 5 % du chiffre d'affaires pour l'année N+1. Objectif qualitatif = améliorer la satisfaction globale des usagers ou des clients.

étape 3 **Comment y allons-nous ?** L'organisation met en place l'ensemble des moyens qu'elle aura choisis pour appliquer sa stratégie. Elle détermine également les indicateurs quantitatifs et qualitatifs qui permettent de vérifier l'atteinte des objectifs préalablement fixés. Ces indicateurs sont regroupés dans un cahier de bord. Si les objectifs ne sont pas atteints – ou partiellement acquis – l'organisation mettra en place des actions correctives.

2 La démarche stratégique et le type d'organisation

- La démarche stratégique peut varier selon l'organisation.

A. La démarche stratégique des organisations publiques

étape 1 L'objectif est de déterminer la ou les missions conformes aux domaines de compétences de l'organisation publique.

étape 2 et étape 3 Les objectifs stratégiques sont définis dans le cadre de politiques publiques par les pouvoirs publics. Leur mise en œuvre doit donc respecter l'intérêt général.

Ex. : L'objectif d'une municipalité peut être d'améliorer la propreté de l'espace public.

B. La démarche stratégique des organisations de la société civile

étape 1 L'objectif est de déterminer la ou les missions conformes à l'objet de l'organisation qui a été défini dans le cadre d'une assemblée générale. Celui-ci devra être en accord avec la finalité de l'organisation, c'est-à-dire au service des adhérents (*ex.* : association sportive) ou dans la défense de l'intérêt général (*ex.* : association caritative).

étape 2 et étape 3 Les objectifs stratégiques sont définis de manière collective par les membres du bureau et les adhérents lors des assemblées générales. Les actions opérationnelles seront ensuite mises en place et leur efficacité vérifiée à l'aide d'indicateurs.

À retenir !

- La démarche stratégique met en évidence les forces et faiblesses de l'organisation ainsi que les opportunités et menaces de son environnement. Grâce à elle, l'organisation élabore des actions à mettre en œuvre pour atteindre ses objectifs.

Les décisions dans l'organisation

L'**information** récoltée par la **veille** ou une **recherche ponctuelle** sera déterminante dans les prises de décisions de l'organisation. Cependant, toutes les décisions n'auront pas le même impact.

1 Les types de décisions

A. Les décisions stratégiques

■ Les décisions stratégiques :
– engagent les organisations sur le long terme (plusieurs années) ;
– nécessitent la mobilisation de ressources et moyens importants ;
– sont difficilement réversibles, c'est-à-dire qu'il est compliqué de revenir en arrière une fois qu'elles ont été prononcées ;
– sont prises par des hauts niveaux hiérarchiques ;
– engagent la finalité de l'organisation ;
– sont rares.

B. Les décisions opérationnelles

■ Les décisions opérationnelles :
– sont sur le court terme ;
– engagent peu de moyens ;
– sont facilement réversibles ;
– sont prises par tous les niveaux hiérarchiques ;
– sont fréquentes au sein des organisations.

2 Le processus de décision

A. Les étapes de la prise de décision

■ L'organisation prendra donc soin de planifier la décision stratégique en respectant plusieurs étapes :

Rappel
Une bonne information est une information actuelle, pertinente, fiable, vérifiable et claire.

Étapes	Explication
1	Identification des causes du problème (Phase de recherche d'information qui permettra de comprendre le problème).
2	Recherche de solutions qui aideront à résoudre le problème.
3	Choix d'une solution.
4	Mise en œuvre de la solution retenue.
5	Contrôle de l'efficacité de la solution et instauration d'actions correctives, si nécessaire.

B. La planification stratégique

■ La planification stratégique consiste à définir en amont la décision et à planifier sa mise en œuvre dans le temps. On parle alors de « décision planifiée » ou « décision délibérée ».

Ex. : Lors du lancement d'un nouveau produit, une entreprise peut décider de planifier puis mettre en œuvre une campagne de communication d'affichage afin de faire connaître son offre.

■ La décision stratégique engage l'organisation et peut avoir d'importantes conséquences sur sa finalité. Il est donc primordial de planifier les décisions stratégiques.

C. La décision émergente

■ L'organisation évolue dans un environnement plutôt instable, dans lequel il peut être difficile de prévoir juste. Différents facteurs comme la concurrence, les innovations technologiques, les catastrophes naturelles (*ex.* : inondations, sécheresse, etc.), les crises sanitaires (*ex.* : COVID 19, etc.), la conjoncture économique peuvent venir interférer dans la mise en œuvre des décisions.

■ L'organisation devra prendre en compte ces changements dans le cadre de ses décisions afin de pouvoir atteindre ses objectifs préalablement fixés. Cela pourra la conduire à une modification de sa stratégie initiale en fonction de la situation.

■ Cette décision est nommée décision émergente par son aspect non planifié qui est une réponse rapide aux évolutions de l'environnement. Les modifications devront rapidement être mises en place pour être efficaces.

À retenir !

■ Toute organisation doit prendre des décisions. Selon leur importance, leur portée, le statut du décideur, la durée de l'engagement celles-ci seront stratégiques ou opérationnelles. Pour être efficace, la prise de décision doit respecter des étapes bien définies.

Le diagnostic interne

Afin de répondre à la **première étape de la démarche stratégique,** il est nécessaire pour l'organisation d'effectuer un diagnostic stratégique interne. Ce diagnostic servira de base pour prendre les décisions stratégiques en faisant état des **ressources** (forces et faiblesses) et des **compétences** de l'organisation.

1 Les ressources

■ Dans les organisations, les ressources sont classées en quatre catégories :

1. **Les ressources humaines** (salariés)
2. **Les ressources matérielles** (usine, locaux, stockage, machines)
3. **Les ressources financières** (capitaux)
4. **Les ressouces immatérielles et technologiques** (labels, savoir-faire, brevets)

■ Ces ressources doivent être exploitées et valorisées afin de constituer une véritable force pour l'organisation. Il est donc nécessaire pour cette dernière d'établir un portefeuille de ressources valorisables.

■ Alors que les ressources humaines, financières et matérielles sont très facilement repérables, les ressources immatérielles et technologiques le sont plus difficilement. Il appartient donc à l'organisation de mettre en œuvre des actions visant à les valoriser et les conserver dans le but de se démarquer et de créer un **avantage concurrentiel.**

Avantage concurrentiel

Il s'agit de se démarquer de ses concurrents en proposant une offre de produits ou de services différents par la qualité, le prix, l'innovation.

2 Les compétences

■ Les compétences correspondent à la capacité à mobiliser et combiner des ressources afin d'atteindre un objectif. Cela constitue un savoir-faire et s'acquiert par l'apprentissage, la répétition et l'expérience.

Les compétences de l'organisation

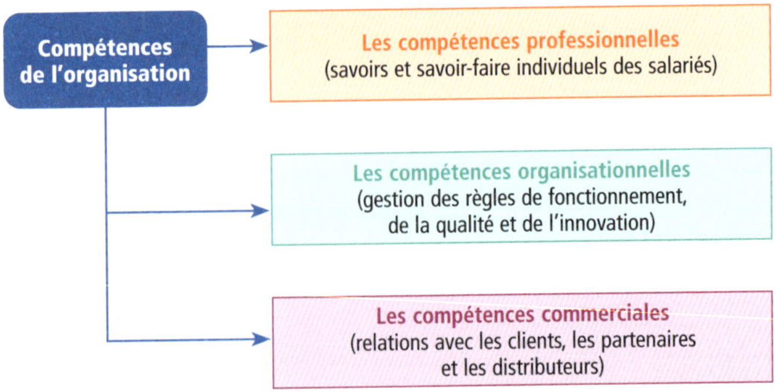

■ Les compétences deviennent des compétences distinctives si l'organisation met en œuvre une démarche pour qu'elles soient visibles aux yeux du client (par exemple avec la mise en avant d'un savoir-faire ou de la qualité d'un produit).

3 Un diagnostic pour s'améliorer

■ L'identification des ressources et des compétences d'une organisation lui permet de savoir ce qu'elle sait mieux faire que ses concurrents dans un même domaine. Il s'agit des forces de l'organisation.

■ Cependant, afin de pouvoir progresser de manière constante, l'organisation doit être consciente de ses faiblesses et de ses axes d'amélioration possibles.

■ Le diagnostic stratégique interne va permettre à l'organisation de définir sa stratégie en fonction des éléments positifs et négatifs qui la composent. Elle pourra alors s'appuyer sur ses points positifs et essayer d'améliorer les points négatifs.

À retenir !

■ Il est nécessaire pour l'organisation de connaître ses ressources et de les exploiter afin d'en faire des avantages stratégiques et de les transformer en compétences. Cela lui permettra de dégager un avantage concurrentiel.

Le diagnostic externe

La démarche stratégique de l'organisation prend également appui sur une **veille stratégique** qui vise à mieux comprendre l'environnement et ses fluctuations permanentes.

1 Présentation du diagnostic externe

A. Les caractéristiques

■ L'organisation réalise un diagnostic externe pour identifier les opportunités et les menaces de son environnement.

■ Le diagnostic externe aboutit à l'identification des facteurs clés de succès.

■ L'articulation de ces deux éléments conditionne la réussite de la stratégie de l'organisation.

B. L'intérêt du diagnostic externe

■ L'organisation évolue dans un environnement qui va l'influencer. L'analyse de ce dernier est donc une étape primordiale puisqu'elle permet de dresser un état des lieux en examinant les opportunités et les menaces dont il est porteur.

■ Le diagnostic stratégique externe aboutit à l'identification d'un ou plusieurs avantages concurrentiels sur lesquels les choix stratégiques vont reposer. Toutefois, ces avantages concurrentiels sont susceptibles d'être remis en cause à tout moment.

C. Les opportunités et les menaces

■ Le diagnostic externe permet donc de mettre en évidence :
– des opportunités que l'entreprise pourra saisir ;
– des menaces dont devra tenir compte l'organisation.

2 Les composantes du diagnostic externe

A. Le micro-environnement

■ Le micro-environnement réunit l'ensemble des facteurs et des acteurs avec lesquels l'organisation échange de manière directe dans le cadre de l'exercice de ses activités.

■ Les principaux éléments du micro-environnement sont :
– Les clients : consommateurs finaux ou entreprises qui achètent les produits ou services de l'entreprise. Leur pouvoir de négociation influence fortement la stratégie de l'entreprise.

– Les concurrents : la concurrence oblige l'entreprise à innover, à améliorer ses produits et à adapter ses prix.
– Les fournisseurs : ils apportent à l'entreprise les matières premières, ou les services nécessaires à sa production. Le pouvoir de négociation des fournisseurs peut influencer les coûts de production.
– Les institutions financières (banques, assureurs, prestataires de services) : ces partenaires peuvent apporter un soutien financier ou logistique à l'entreprise.

Ex. : L'arrivée de Netflix sur le marché de la vidéo en *streaming* a intensifié la concurrence pour les entreprises de télévision traditionnelles qui ont dû adapter leurs offres en proposant des services de *streaming* en ligne.

B. Le macro-environnement

■ Le macro-environnement regroupe l'ensemble des facteurs externes à l'entreprise qui peuvent avoir un impact sur ses activités, mais sur lesquels elle a peu de contrôle. On les retrouve sous l'acronyme PESTEL :
– Politiques : les politiques gouvernementales et les événements politiques peuvent influencer les activités de l'entreprise.
– Économiques : les taux d'intérêt, le taux de change, le niveau d'inflation, le taux de croissance économique et le pouvoir d'achat des consommateurs peuvent avoir un impact sur la demande et les coûts de production.
– Socioculturels : les tendances démographiques, les modes de vie, les valeurs, les cultures et les styles de vie peuvent influencer les besoins et les attentes des consommateurs.
– Technologiques : les innovations technologiques peuvent créer de nouvelles opportunités de marché, mais aussi rendre certains produits obsolètes.
– Environnementaux : les préoccupations environnementales, les changements climatiques et les ressources naturelles peuvent influencer les activités de l'entreprise et la contraindre à adopter des pratiques plus durables.
– Légaux : les lois et les réglementations qui encadrent les activités de l'entreprise.

Ex. : La prise de conscience des enjeux environnementaux a poussé de nombreuses entreprises à adopter de nouvelles pratiques (réduction des émissions de CO_2, utilisation de matériaux recyclés).

À retenir !

■ Le diagnostic externe permet d'étudier et d'analyser les facteurs qui, dans l'environnement de l'organisation, sont porteurs d'opportunités et de menaces. Il aide ainsi à dégager la problématique de management et à définir des choix stratégiques.

Les choix stratégiques liés aux domaines d'activité

Fiche 12

Un des choix stratégiques auquel l'organisation devra répondre sera relatif à son **périmètre d'activité**. Ainsi, elle aura deux options : un **élargissement** vers de nouveaux domaines d'activité stratégique ou, au contraire, une **concentration** sur un seul domaine d'activité stratégique.

1 La stratégie de spécialisation

A. Les caractéristiques et les objectifs

■ La stratégie de spécialisation consiste pour une entreprise à se concentrer sur un seul métier et un seul domaine d'activité stratégique (DAS).

■ L'objectif est d'exploiter et de développer des compétences spécifiques afin d'obtenir et de maintenir un avantage concurrentiel.

■ En concentrant ses ressources et ses compétences sur un seul métier, l'entreprise se positionne comme spécialiste sur son marché.

Ex. : Carglass est leader et spécialiste de la pose et de la réparation de pare-brises. Les centres Carglass réparent et remplacent uniquement des pare-brises. Ils ne s'occupent jamais des autres réparations liées aux automobiles (batteries, freins, fenêtres, etc.).

B. Les avantages et les limites

Avantages	Limites
• Image d'expert et avantage concurrentiel fort. • Exploitation de compétences spécifiques. • Position sur le marché renforcée.	• Dépendance accrue à une seule catégorie de produits et aux éléments externes (variations saisonnières, évolutions technologiques, saturation du marché, etc.). • Rigidité liée à la spécialisation des ressources humaines et matérielles.

2 La stratégie de diversification

A. Les caractéristiques et les objectifs

■ La stratégie de diversification consiste pour une entreprise à élargir son périmètre d'activité et à se positionner sur plusieurs domaines d'activité stratégique ou à exercer différents métiers.

■ L'objectif principal est de mieux répartir les risques.

■ La diversification peut résulter d'une acquisition de nouvelles compétences suite à un excédent financier ou pour conforter une position dominante sur le marché. Elle peut également avoir pour but une reconversion dans un nouveau métier ou simplement assurer la pérennité de l'organisation.

■ Il existe deux grands types de diversification selon **Igor Ansoff** :

– la diversification concentrique ou liée : il existe un lien avec le nouveau et l'actuel métier ou DAS de l'organisation. L'objectif est de compléter et/ou d'étendre son offre ;

Igor Ansoff

Igor Ansoff (1918-2002), professeur américain d'origine russe, est considéré comme le père fondateur de la gestion stratégique en entreprise.

Ex. : La marque Michel et Augustin est une entreprise de l'agro-alimentaire. Au départ, spécialisée dans les cookies et dans les biscuits sucrés, elle s'est ensuite diversifiée dans les biscuits salés pour l'apéritif.

– la diversification conglomérale ou non liée : il n'existe pas de lien avec le nouveau métier ou DAS. L'objectif principal est de placer les excédents de ressources sur un marché porteur et ainsi de bénéficier de nouvelles opportunités.

Ex. : Bouygues est historiquement un constructeur du secteur du bâtiment. L'entreprise s'est diversifiée dans la construction d'infrastructures routières (diversification liée) et dans les télécommunications avec sa branche Bouygues Telecom (diversification non liée).

B. Les avantages et les limites

Avantages	Limites
• Meilleure répartition des risques. • Augmentation des effets de synergie et des **économies d'échelle**. • Amélioration de la rentabilité.	• Investissements importants à réaliser. • Dispersion des ressources et des compétences. • Complexification de la gestion de l'organisation.

Économie d'échelle

Correspond à la baisse du coût unitaire d'un produit lorsqu'on augmente les quantités de production. Plus on produit, plus le coût unitaire baisse.

À retenir !

■ Lors de la phase de fixation des choix stratégiques, l'organisation devra déterminer précisément son périmètre d'activité et opter pour une stratégie de spécialisation ou de diversification.

Les choix stratégiques liés à l'avantage concurrentiel

L'avantage concurrentiel permet à une entreprise de **se distinguer de ses concurrents**. Il repose sur une **compétence**. Pour l'organisation, les choix stratégiques liés à cet avantage portent sur les compétences à acquérir ou à renforcer.

1 La stratégie de différenciation

A. Les caractéristiques et les objectifs

■ La stratégie de différenciation induit la mise en place d'un avantage concurrentiel reposant sur la qualité de l'offre proposée par l'organisation.

■ En interne, cet avantage concurrentiel pourra se fonder sur des compétences liées à un savoir-faire ou à une bonne capacité à innover (investissement en recherche et développement notamment). L'offre sera alors perçue comme de qualité ou innovante.

Ex. : Air France se différencie de ses concurrents par un service client de très bonne qualité.

B. Les avantages et les limites

Avantages	Limites
• Valorisation de l'avantage concurrentiel. • Augmentation des marges possibles grâce à une politique de prix élevés. • Obtention d'une bonne image de marque.	• Investissements importants et constants pour maintenir la différenciation, notamment en recherche et développement. • Risques d'imitations et de contrefaçons.

2 La stratégie de domination par les coûts

A. Les caractéristiques et les objectifs

■ Pour proposer une offre à prix bas sur le marché, l'entreprise doit maîtriser au mieux ses coûts et optimiser ses ressources.

■ La stratégie de domination par les coûts est basée sur :
– une stratégie de volume : plus la quantité est importante moins le coût unitaire sera élevé grâce aux économies d'échelle et à l'effet d'expérience ;
– une stratégie d'efficience : c'est le rapport entre les moyens utilisés et les résultats obtenus. Cela passe par une amélioration de la productivité et une baisse des coûts de production grâce à la **rationalisation** et à la robotisation.

Rationalisation
Action qui consiste à réorganiser un processus afin d'accroître l'efficacité et améliorer le fonctionnement de l'organisation.

Ex. : La compagnie aérienne Easy Jet privilégie les prix bas au détriment des services proposés aux clients et du confort dans l'avion. Elle a ainsi réussi à augmenter le revenu par passager grâce aux économies d'échelle permises par l'utilisation intensive de l'A320.

B. Les avantages et les limites

Avantages	Limites
• Augmentation de la rentabilité. • Position de leader favorisée.	• Possibilité de déclencher une « guerre des prix » avec l'arrivée de nouveaux concurrents à prix bas. • Danger d'être dépassé face à l'apparition de nouvelles technologies.

3 Quelle stratégie choisir ?

■ Pour choisir entre la stratégie de différenciation et celle de domination par les coûts, il est nécessaire de déterminer, étudier et analyser les compétences de l'organisation.

■ Chacune de ces stratégies repose sur des compétences constituant un avantage concurrentiel sur le marché.

***Ex.* : Définir un choix stratégique**

L'entreprise met en évidence ses compétences par rapport au marché :

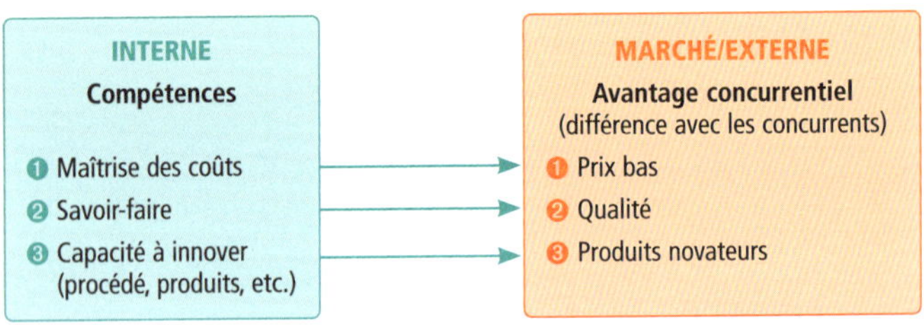

Puis, elle définit les choix stratégiques envisageables en fonction de ses compétences et de son avantage concurrentiel :

❶ : stratégie de domination par les coûts ;

❷ et ❸ : stratégie de différenciation.

À retenir !

■ L'organisation orientera ses choix stratégiques en fonction de ses compétences et de son avantage concurrentiel. Elle pourra opter pour une offre perçue de qualité ou pour une offre à un prix plus bas que le prix moyen du marché.

Les choix stratégiques des entreprises : faire ou faire faire ?

Un autre des choix stratégiques concerne la **réalisation des différentes activités de l'organisation**. Cette dernière peut réaliser elle-même les activités, ou bien les faire faire par des **organisations extérieures.**

1 La stratégie d'externalisation

A. Les caractéristiques et les objectifs

■ Avec cette stratégie, l'organisation choisit de se concentrer sur son avantage concurrentiel et ses compétences distinctives. Elle confie la réalisation d'une ou plusieurs de ses activités à un prestataire.

■ L'organisation se recentre sur son **cœur de métier**, c'est-à-dire sur ce qu'elle maîtrise le mieux ainsi que les compétences sur lesquelles repose son savoir-faire.

Cœur de métier
Activité principale et historique sur laquelle repose la compétence.

Ex. : L'opérateur SFR a externalisé son service clientèle. Cela lui a permis une baisse des coûts salariaux et une plus grande flexibilité.

B. Les avantages et les limites

Avantages	Limites
• Investissements limités (pour l'acquisition de nouvelles compétences) et réduction des coûts (notamment salariaux). • Acquisition de nouvelles ressources et compétences. • Augmentation de la flexibilité.	• Perte de savoir-faire. • Dépendance vis-à-vis du prestataire.

2 La stratégie d'intégration

A. Les caractéristiques et les objectifs

■ Avec cette stratégie, l'organisation choisit de faire elle-même. Pour cela, elle peut avoir recours à une intégration :
– verticale en amont : l'organisation intègre les activités liées à l'approvisionnement qui étaient jusque-là effectuées par des fournisseurs ;

Ex. : Hermès a choisi l'intégration dans la production de montres. Pour cela, l'entreprise a acheté 25 % du capital de Vaucher Manufacture Fleurier et a acquis ses fournisseurs de cadrans et de boîtiers de montres.

– verticale en aval : l'organisation choisit de maîtriser aussi les activités liées à la distribution ;
– horizontale : l'organisation décide d'élargir ses activités par le rachat ou l'alliance avec d'autres entreprises.

B. Les avantages et les limites

Avantages	Limites
• Accroissement de la rentabilité grâce à la suppression des marges des intermédiaires. • Augmentation de la taille de l'organisation. • Meilleur contrôle de la qualité et de l'image de l'organisation.	• Gestion de l'organisation complexifiée. • Engendre des coûts importants. • Perte de flexibilité.

3 Les stratégies de croissance

A. Les caractéristiques et les objectifs

■ Pour acquérir une nouvelle compétence, innover ou augmenter ses capacités de production, l'entreprise mettra en place une des stratégies de croissance.

■ On distingue deux types de croissance :
– la croissance interne : elle passe par l'acquisition de nouvelles ressources matérielles et par l'augmentation des ressources humaines financées ;
– la croissance externe : cela consiste pour une entreprise à augmenter sa taille grâce à la participation, l'acquisition ou la fusion avec d'autres entreprises. Elle peut être associée à une stratégie d'intégration.

B. Les avantages et les limites

	Avantages	Limites
Croissance interne	Augmentation des parts de marché tout en limitant les risques liés à l'expérience déjà acquise.	Mise en place assez lente.
Croissance externe	• Croissance rapide. • Bénéfices des effets de synergie.	Investissement financier très important.

À retenir !

■ L'organisation a le choix entre une stratégie d'intégration ou d'externalisation. L'intégration est dite en amont lorsqu'elle s'opère au niveau des activités d'avant production, et en aval, lorsqu'elle intègre les activités d'après production.

■ Pour atteindre ses objectifs stratégiques, l'entreprise peut également avoir recours à une croissance interne ou externe.

Les choix stratégiques des organisations de la société civile

Fiche 15

Malgré leur grande diversité, les organisations de la société civile (OSC) ont en commun la **satisfaction de l'intérêt général** et la **poursuite d'un but non lucratif**. Pour autant, cela ne les exonère pas de poursuivre des objectifs stratégiques au même titre que les autres organisations.

1 Les raisons d'une démarche stratégique des OSC

- Une OSC est une organisation privée qui rend un service non marchand à des adhérents et/ou à la population. Les OSC regroupent les associations, les syndicats, les fondations et les ONG.
- La complexité de l'environnement des OSC les oblige à faire face à certaines difficultés liées à la raréfaction de leurs ressources et au développement du tissu associatif qui multiplie une concurrence associative.
- La raréfaction des ressources vient, d'une part, des difficultés financières affrontées par les Français, ce qui engendre une baisse de leurs dons et, d'autre part, d'une diminution des dotations publiques.
- Dans le même temps, les OSC affrontent une réduction des engagements des bénévoles.
- Compte tenu de cet état de fait, les OSC doivent nécessairement mettre en place une démarche stratégique pour optimiser leurs ressources et assurer leur pérennité.

2 Les objectifs et les choix stratégiques

- Les objectifs stratégiques d'une OSC sont déterminés en fonction de son identité, ses valeurs, son objet social mais, surtout, des orientations définies lors des assemblées générales.
- Les choix stratégiques d'une OSC sont fixés par son **objet social** et donc contraints au respect strict de celui-ci sous peine de nullité.

Objet social
Il permet de délimiter, de définir l'activité de l'entreprise

- Cependant, cela n'empêche pas les OSC d'agir dans un ou plusieurs domaines d'activités afin de diversifier leur offre tout en respectant leur objet social.

■ Les choix stratégiques des OSC peuvent être les suivants :

■ En fonction des choix stratégiques, le but recherché est différent : nouvelles sources de financement, nouveaux besoins des adhérents, etc.

3 La transparence des OSC

■ Les OSC ont une obligation de transparence qui découle de leurs modes de financement.

■ Les statuts des OSC les contraignent à avoir un trésorier qui gère les dépenses et recettes afin de rendre compte de la gestion de ces dernières, en accord avec les décisions prises lors des assemblées.

■ Le plus souvent, les OSC informent de leur gestion en publiant leurs comptes au **Journal officiel**, en les diffusant auprès du public par l'édition de rapports annuels d'activités ou en obtenant un label tel que le label « Don en confiance ».

Journal officiel

Le Journal officiel des Associations est une publication éditée par la Direction de l'information légale et administrative dans laquelle paraissent les avis de création et de dissolution des associations régies par la loi de 1901, des associations syndicales de propriétaires, des fondations d'entreprises et des fonds de dotation.

À retenir !

■ Les organisations de la société civile évoluent dans un contexte où les ressources se raréfient et où la concurrence s'intensifie. Il est donc nécessaire pour les OSC de réfléchir à une démarche stratégique afin de pérenniser leur existence.

Les choix stratégiques des organisations publiques

Fiche 16

Les différentes organisations publiques interviennent dans des domaines divers et variés mais ont une **finalité commune de service public** qui est guidée par l'**intérêt général**. L'utilisation des fonds publics est contrôlée afin de garantir une **transparence de la vie publique**.

1 Les missions et principes du service public

A. Les missions

■ Les organisations publiques répondent aux besoins des citoyens en proposant des services non marchands. Le profit n'est pas la finalité recherchée.

Remarque

La Cour des comptes est une institution supérieure de contrôle en charge de la vérification de l'emploi des fonds publics. Elle est également habilitée à sanctionner les mauvaises gestions.

■ Il s'agit des services :

– d'ordre et de régulation (justice, défense nationale, finances publiques) ;

– sociaux et culturels (éducation, culture, santé, protection sociale, etc.) ;

– à caractère économique qui permettent de satisfaire des besoins considérés comme stratégiques (énergie, transport, etc.).

B. Les principes

■ Afin de pouvoir satisfaire l'intérêt collectif, le service public doit respecter trois principes :

Le principe de continuité	Le service public doit proposer un fonctionnement régulier et continu, sans interruption.
Le principe d'égalité	L'accès aux services proposés doit être le même pour tous.
Le principe d'adaptabilité ou de mutabilité	Le service public doit s'adapter aux besoins des usagers et des évolutions de l'environnement.

2 Les modalités d'intervention des organisations publiques

■ Les organisations publiques peuvent décider d'assurer elles-mêmes leurs activités. Il s'agit alors d'une régie.

■ Elles peuvent aussi choisir de confier les activités à des partenaires extérieurs, on parle alors de délégation de service public, de concession ou bien encore de partenariat public/privé.

3 Les niveaux d'action de la politique publique

■ Quel que soit son niveau d'action, l'action publique s'inscrit dans le cadre des contraintes budgétaires et des directives européennes.

■ Les stratégies des actions des organisations publiques se distinguent ensuite au niveau national et territorial :

– Au niveau national : les actions sont régies par la loi organique relative aux lois de finances. Cette dernière fixe les objectifs et les moyens distribués pour parvenir à satisfaire l'intérêt général dans les domaines d'intervention correspondant. Il est question ici des grandes missions de l'État telles que l'éducation nationale, la défense, la justice, la santé, etc.

– Au niveau territorial : les collectivités territoriales et les organismes dépendants gèrent leurs actions grâce à des subventions de l'État. Leurs domaines d'action sont répartis ainsi :

Les régions	Développement économique, aménagement du territoire, transports non urbains, gestion des lycées, formation professionnelle.
Les départements	Action sociale, infrastructures, gestion des collèges, aide aux communes.
Les communes	Urbanisme, logement, environnement, gestion des écoles.

4 L'évaluation de la performance publique

■ Dans un souci de transparence de la vie publique, un organisme est chargé de la vérification de la bonne utilisation des deniers publics afin d'éviter toute situation d'interférence entre un intérêt public et des intérêts publics ou privés, qui entraînerait un **conflit d'intérêt**.

Conflit d'intérêt

Il se caractérise par un conflit entre l'intérêt général et des intérêts personnels.

■ L'évaluation de la performance de l'action publique est compliquée. La satisfaction de l'intérêt général étant le but, il peut alors s'agir d'évaluer le bénéfice attendu par les citoyens et la qualité du service rendu avec les usagers.

■ Le point de vue des citoyens est un objectif important pour apprécier l'efficacité de l'action publique.

■ Pour évaluer la performance des organisations publiques, il est également possible d'apprécier l'efficience de l'activité en analysant les ressources utilisées pour les services rendus.

À retenir !

■ Les organisations publiques fonctionnent avec des budgets de l'État et ont pour mission la satisfaction de l'intérêt général. Les missions concernent des domaines spécifiques et sont régies par des principes qu'elles doivent nécessairement respectés.

La démarche marketing

L'organisation choisit les biens et services qu'elle va produire en fonction de sa **finalité** et de sa **stratégie**. Que sa finalité soit lucrative ou non, l'organisation devra mettre en place une démarche marketing (ou mercatique).

1 Comprendre la démarche marketing

A. Définition

■ La démarche marketing est une approche centrée sur le marché, qui comporte une double dimension, stratégique et opérationnelle. Elle est mise en place pour que l'organisation reste en permanence à l'écoute de son marché et de ses évolutions, afin d'y adapter de manière continue son offre.

B. La démarche mercatique en schéma

étape 1 Analyses externe et interne

Analyse externe

Étude de marché : analyse de l'offre, de la demande et de l'environnement.

Analyse interne

Diagnostic interne : analyse des forces et des faiblesses de l'entreprise.

↓

étape 2 Fixation des choix stratégiques

Grâce aux analyses précédentes, définition :
- des **objectifs** visés ;
- du **positionnement** souhaité ;
- de la **cible** à atteindre.

↓

étape 3 Mise en place du plan de marchéage

- Construction de l'offre ;
- étude des prix ;
- analyse et choix du ou des modes de distribution ;
- analyse et choix des moyens de communication à mettre en place.

↓

étape 4 Vérification des résultats obtenus en les comparant avec ceux préalablement fixés

2 Les différentes étapes de la démarche

A. Le marketing stratégique

■ Le marketing stratégique est une étape primordiale puisqu'il consiste à déterminer le ou les avantages concurrentiels détenus par l'organisation.

étape 1 Les analyses du marché sont possibles grâce à une veille informationnelle permanente. En interne, les différentes ressources et compétences seront étudiées afin de mettre en évidence les forces et les faiblesses de l'organisation par rapport à ses ressources matérielles, financières, immatérielles, technologiques et humaines (diagnostic interne → Fiche 10).

étape 2 Les analyses externes et internes permettront de confirmer précisément l'avantage concurrentiel, de définir les objectifs à atteindre, la cible choisie et le positionnement. Ces choix devront être cohérents avec les opportunités et les menaces détectées du marché ainsi qu'avec les forces et faiblesses de l'organisation.

B. Le marketing opérationnel ou plan de marchéage

étape 3 Le plan de marchéage combine donc quatre variables aussi appelées les **4P** : l'offre (***Product***), le prix (***Price***), la distribution (***Place***) et la communication (***Promotion***). Pour chacune des variables, une politique est déterminée. Ces politiques doivent être cohérentes entre elles, ainsi qu'avec les objectifs, la cible choisie et le positionnement.

Les 4P

Aussi nommés plan de marchéage ou *marketing mix*, les 4P sont élaborés par Jérôme McCarty dans les années 1960, puis vulgarisés par Philip Kotler.

étape 4 Un contrôle des résultats obtenus est réalisé sur la base d'indicateurs de performance pertinents préalablement définis. Une vérification de l'efficacité des politiques de produit, de prix, de communication et de distribution sera effectuée. Des actions correctrices pourront éventuellement être mises en place si les objectifs ne sont pas atteints. Dans ce cas, il sera également nécessaire d'en rechercher les causes.

■ Cette démarche marketing peut s'appliquer à tous les secteurs marchands mais aussi non marchands comme pour les organisations de la société civile ou encore aux organisations, établissements et entreprises publiques.

À retenir !

■ La démarche marketing se compose d'une étape stratégique qui permet une analyse du marché visant à fixer les objectifs stratégiques, les cibles et le positionnement de l'organisation. L'étape opérationnelle consiste quant à elle à mettre en œuvre les politiques d'offre, de prix, de distribution et de communication.

Les approches marketing

Fiche 18

Pour **répondre aux besoins des individus,** les organisations devront choisir des approches stratégiques en fonction des diagnostics interne et externe précédemment élaborés (→ Fiches 10 et 11).

1 L'importance des approches marketing

A. L'objectif marketing

■ L'objectif du marketing est d'aider à répondre à un besoin non satisfait par une offre, que ce besoin soit exprimé ou non par le consommateur (client ou usager).

■ Le marketing peut donc être défini comme la mise en œuvre, coordonnée, de pratiques marketing visant à atteindre les objectifs d'une organisation.

■ Cela passe par :
- l'étude des différents publics et de leurs comportements ;
- la création de produits, de services et d'expériences de consommation ;
- la diffusion de ces offres dans une finalité marchande ou non marchande.

Remarque
Les études de la demande peuvent résulter d'une recherche d'information permanente ou ponctuelle.

■ Tout cela doit bien sûr être réalisé en considérant le respect des parties prenantes (→ Fiche 4).

B. Les choix marketing

■ Toute organisation est contrainte d'effectuer des choix marketing. Ces derniers doivent être cohérents avec les orientations stratégiques de l'organisation ainsi qu'avec les éléments du FFOM (**F**orces, **F**aiblesses, **O**pportunités, **M**enaces) et les avantages concurrentiels dont dispose l'organisation.

2 Les différentes approches marketing

A. L'approche marketing réactive

■ L'organisation a identifié un besoin déjà exprimé sur le marché ; la concurrence est déjà présente. Le besoin est donc déjà plus ou moins bien satisfait.

***Ex.* :** Michel et Augustin se sont lancés dans la fabrication de cookies alors que de nombreuses marques étaient déjà présentes sur le marché des biscuits.

B. L'approche marketing médiatrice

■ L'organisation implique de manière implicite ou explicite les clients ou usagers dans la création de l'offre. La cible est donc mise à contribution afin de répondre au plus juste aux attentes, besoins et désirs.

Ex. : Danette fait voter ses clients *via* son site Internet et les réseaux sociaux pour déterminer les nouvelles saveurs de ses crèmes dessert.

C. L'approche marketing anticipatrice

■ L'organisation détecte un **besoin latent**. Elle va mettre en place des actions afin de favoriser son développement. Ces actions relèvent généralement du *marketing mix*.

Besoin latent

Le besoin existe mais n'est pas encore clairement exprimé par le client ou l'usager.

Ex. : Le lancement des capsules Nespresso sur le marché du café en 1986.

D. L'approche marketing créative

■ L'organisation innove radicalement dans son offre et crée un nouveau besoin. L'innovation résulte de la combinaison de composantes interne et externe :

– En interne, elle repose sur les compétences de l'organisation liées au savoir-faire et à sa capacité à innover ainsi qu'à sa structure.

– En externe, elle prend forme avec une veille permanente sur les composantes, d'une part, du micro-environnement (grâce à l'outil 3CFB : **C**lients, **C**oncurrents, **C**ollectivités, **F**ournisseurs, **B**anques) et, d'autre part, du macro-environnement (avec l'outil PESTEL : **P**olitique, **É**conomique, **S**ocio-culturelle, **T**echnologique, **É**cologique, **L**égale).

Ex. : La création du premier ordinateur personnel dans les années 1970 alors que personne n'en voyait encore l'utilité.

À retenir !

■ L'objectif du marketing est d'aider à répondre à un besoin non satisfait par une offre, que ce besoin soit exprimé ou non par le consommateur. Pour se faire, il existe quatre grandes approches : les approches anticipatrice, créative, réactive et médiatrice.

Les différents types d'informations

Fiche 19

Les approches marketing reposent sur l'**analyse du comportement des individus**, qui peut aller d'une simple observation à des études plus poussées. Les décisions stratégiques qui découleront de ces observations reposent sur la **qualité des informations récoltées**.

1 Les types d'informations

A. Les informations primaires

■ Les informations primaires sont des informations qui n'existent pas ou ne sont pas accessibles. L'organisation devra mettre en place des outils qui permettront de les collecter, de les sélectionner et de les traiter afin de minimiser le risque dans la prise de décision.

■ L'outil le plus utilisé est l'enquête par questionnaire, qui permet de rassembler des informations ayant un caractère quantitatif.

Ex. : Lors d'une enquête sur l'utilisation du smartphone, 80 % des personnes interrogées déclarent s'en servir quotidiennement pour consulter des informations en ligne.

Remarque
Les enquêtes par questionnaire reposent sur une méthodologie très précise qui passe de la création d'un échantillon à la rédaction et administration du questionnaire.

■ Lorsque l'organisation a besoin d'informations qualitatives, elle utilise la technique des entretiens ou de l'observation.

Ex. : L'observation du parcours du consommateur en magasin permet d'obtenir les informations nécessaires afin de pouvoir réaménager l'espace de vente en fonction de ses attentes.

B. Les informations secondaires

■ Les informations secondaires sont des informations qui existent et qui sont accessibles. Il faut donc les rechercher, les sélectionner, les collecter et les traiter. La collecte peut se faire en externe – *via* Internet –, dans des revues, etc.

Ex. : Pour réaliser une synthèse, une investigation sur un moteur de recherche permettra d'obtenir de très nombreux résultats. Il sera alors nécessaire de collecter les documents intéressants. Ensuite, l'information contenue dans la synthèse sera sélectionnée et retravaillée (traitement).

C. Classification des informations selon leur origine

■ Les informations peuvent être collectées :

– en interne : ce sont des informations internes à l'organisation. On distingue également les informations internes primaires (enquêtes sur les conditions de travail, entretien annuel avec un salarié, etc.), des informations internes secondaires (fichiers clients, chiffres d'affaires, résultats, etc.) ;

– en externe : ce sont des informations externes à l'organisation. On distingue également les informations externes primaires (enquêtes de satisfaction, enquêtes de notoriété, relevés des prix de la concurrence, etc.) des informations externes secondaires (données sur les performances des concurrents, statistiques de l'INSEE, etc.).

2 Les qualités de l'information

A. L'importance de la qualité

■ L'information est la matière première du management et du marketing. C'est sur elle qu'est fondée la prise de décision.

■ Une mauvaise information peut donc avoir d'importantes répercussions puisqu'elle induira une décision stratégique pouvant mettre en péril l'organisation.

B. Les critères de qualité

■ Pour qu'une information soit de qualité, elle doit répondre à un certain nombre de critères :

– actualité : une information obsolète peut induire en erreur ;

– pertinence : une information doit répondre à la recherche réalisée ;

– fiabilité : une information doit être issue de sources fiables et vérifiées ;

– objectivité : une information doit être neutre.

Remarque

Afin de sélectionner la bonne information, chaque critère pourra être évalué sur 5 points. La somme permettra d'obtenir une note sur 20 ce qui sera un indicateur de la qualité de l'information.

À retenir !

■ L'organisation a un besoin constant d'informations. Ces dernières peuvent être classées selon leur accessibilité et leur origine.

■ L'information étant la matière première des décisions stratégiques, elle doit être de qualité afin de minimiser les risques pour l'organisation.

Recueillir et traiter l'information

Fiche 20

La recherche d'information est continuelle. Le décideur devra avoir la **bonne information** au **bon moment** pour prendre la **bonne décision**, c'est pourquoi il est nécessaire de mettre des procédures et des outils en place.

1 La recherche d'information

A. La recherche d'information en schéma

B. Une information nécessaire à la mercatique

■ La mercatique place le consommateur au centre de son action avec comme objectif de répondre à ses besoins et de le satisfaire pleinement. Mais l'apparition constante de nouveaux produits, de nouveaux marchés, et l'augmentation continue des offres proposées aux clients peuvent à tout moment remettre cette place en question. C'est pourquoi une analyse continue est nécessaire. Pour connaître le consommateur ou l'usager, prévoir son comportement et anticiper ses demandes, l'entreprise doit donc utiliser un certain nombre d'outils afin de recenser et traiter les informations essentielles.

2 Les outils de la veille marketing

A. L'étude de marché

■ L'étude de marché est la première étape de la démarche marketing. Elle consiste à collecter et analyser des informations afin d'identifier les principales caractéristiques du marché.

■ Elle porte sur :
– l'offre : elle est composée de l'ensemble des concurrents présents sur un marché, des produits qu'ils proposent et des moyens de distributions utilisés ;
– la demande : son étude est effectuée d'un point de vue quantitatif (en volume et en valeur, etc.) et qualitatif (les attentes, les besoins, etc.) ;

– l'environnement : il doit être étudié à deux niveaux :

Micro-environnement	Il est composé de l'ensemble des partenaires proches de l'entreprise comme les clients, les fournisseurs, les banques, etc.
Macro-environnement	• Il correspond aux influences à l'œuvre dans la société dans laquelle se situent les différents acteurs. • Il comprend des facteurs politiques, économiques, sociologiques, technologiques, environnementaux et légaux (PESTEL).

B. Le système d'information marketing (SIM)

■ Le système d'information marketing a pour objet de rechercher, collecter, sélectionner, traiter et stocker des informations sur l'offre, la demande et l'environnement de l'entreprise et de les diffuser auprès des acteurs de l'organisation en fonction de leurs besoins pour faciliter et limiter les risques dans la prise de décision.

■ L'organisation utilise différents outils numériques de recueil et de traitement de l'information et peut également avoir recours au ***big data*** (ou « méga-données ») afin de mettre en place une veille marketing. Cette dernière a pour but de collecter des informations stratégiques afin d'anticiper les évolutions du marché et de permettre des innovations.

Big data

Il permet de stocker un ensemble volumineux de données. Il est aussi utile dans la recherche et le partage. Il peut également être utilisé pour récupérer et analyser des données de navigation sur Internet.

Ex. : Netflix recueille les données de navigation et peut ainsi proposer une sélection de programmes ultra-personnalisée.

À retenir !

■ L'organisation devra mettre en place un système d'information mercatique afin de répondre aux besoins en information des décideurs et, ainsi, rester à l'écoute permanente de son marché.

PROGRAMME T^LE

La création de valeur

Fiche 21

La valeur créée par une organisation dépend de sa **capacité à répondre aux besoins des clients ou des usagers**. Elle peut également se mesurer à l'aide d'indicateurs.

1 La valeur créée par l'entreprise

A. Le compte de résultat, indicateur de valeur

■ La valeur est mesurable et correspond à la valeur ajoutée dégagée au cours de l'activité. Cet indicateur se calcule à partir du compte de résultat.

Ex. : Compte de résultat en ligne

PRODUITS	Montant (en €)
Produits d'exploitation	
Ventes de marchandises	242 200
Production vendue	0
Chiffre d'affaires (sous-total)	242 200
Indemnités et subventions	0
Autres produits	20 000
Total produits d'exploitation	**262 200**
…	…
TOTAL	**262 635**

Le chiffre d'affaires correspond au total des ventes.

CHARGES	Montant (en €)
Charges d'exploitation	
Achats de marchandises	140 000
Variation de stocks	– 35 000
Autres achats	3 050
Services extérieurs	68 500
Impôts et taxes	3 100
Charges de personnel	24 000
Dotations aux amortissements et provisions	50 500
Total charges d'exploitation	**254 150**
…	…
TOTAL	**262 635**

■ Les consommations intermédiaires concernent tous les achats mais également les autres charges externes (services extérieurs), c'est-à-dire les charges en provenance de tiers telles que les loyers.

Remarque
Les produits correspondent aux éléments qui font augmenter le bénéfice et les charges à ceux qui le font diminuer.

Valeur ajoutée (VA) = chiffre d'affaires – consommations intermédiaires

Ex. (suite) : VA = 242 200 – (140 000 – 35 000 + 3 050 + 68 500) = 65 650 €

B. Les autres indicateurs de valeur

- L'excédent brut d'exploitation (EBE) représente la trésorerie nette potentielle dégagée par l'activité courante (c'est-à-dire « l'argent » gagné si tous les achats étaient payés aux fournisseurs et toutes les ventes réglées par les clients).

EBE = VA – impôts et taxes – charges de personnel

Ex. (suite) : EBE = 65 650 – 3 100 – 24 000 = 38 550 €

- Le résultat d'exploitation (RE) représente le résultat (bénéfice ou perte) dégagé par l'activité courante de l'entreprise.

RE = EBE + autres produits – autres charges – dotations aux amortissements et provisions

Remarque

Le compte de résultat permet de constater un bénéfice ou une perte. Il peut être présenté en ligne ou en colonnes (les charges à gauche et les produits à droite).

Ex. (suite) : RE = 38 550 + 20 000 – 50 500 = 8 050 €

2 La valeur créée et l'investissement

- Une partie de la valeur ajoutée est utilisée pour financer de nouveaux investissements. Ces derniers figurent au bilan dans la rubrique des actifs immobilisés.
- L'investissement permet d'assurer la pérennité de l'entreprise.

3 La valeur créée par les organisations à but non lucratif

- Les entreprises à but lucratif doivent créer suffisamment de valeur afin qu'il reste un profit alors que les organisations à but non lucratif (associations, administrations) cherchent avant tout à dégager la valeur indispensable à leur équilibre budgétaire.
- Les organisations publiques et les organisations privées de la société civile (associations, etc.) participent à la création de valeur sociale, plus difficilement quantifiable que la valeur ajoutée mesurable dans le compte de résultat.

À retenir !

- Les indicateurs qui permettent de mesurer la valeur créée par une organisation sont calculés à partir du compte de résultat. La dimension sociale de la valeur créée est plus difficilement quantifiable.

Le partage de la valeur

Le **profit** ou **bénéfice** généré par l'entreprise (qui provient de la valeur ajoutée) fait l'objet d'une **distribution entre diverses parties prenantes**. Le dirigeant de l'entreprise doit opérer des arbitrages pour le répartir.

1 La valeur de l'entreprise

A. Le bilan

■ Le bilan représente le patrimoine de l'entreprise. Il se compose de :
– l'actif qui regroupe les éléments détenus par l'entreprise ;
– du passif qui regroupe les dettes de l'entreprise.

Remarque
Une immobilisation est un élément d'actif détenu durablement afin de contribuer au processus de production.

Actif	Passif
Immobilisations • Incorporelles (*ex. :* brevet) • Corporelles (*ex. :* véhicule) • Financières (*ex. :* placement)	**Capitaux propres** • Capital social • Réserves • Résultat (bénéfice ou perte)
Stocks Créances Disponibilités (banque et caisse)	Dettes financières (emprunts) Dettes fournisseurs Dettes fiscales et sociales

■ Le résultat qui se trouve dans le passif sera distribué entre l'entreprise elle-même (réserves) et les associés (ou actionnaires).

B. La valeur patrimoniale

■ L'actif net comptable représente la valeur nette de l'entreprise.

Actif net comptable = actif – dettes

■ La partie du résultat qui est mise en réserves contribue à la valeur patrimoniale de l'entreprise.

C. La valeur boursière

■ La capitalisation boursière d'une entreprise représente la valeur totale de ses actions (le capital social). Il ne faut pas la confondre avec la valeur boursière qui varie en fonction du cours des actions sur les marchés financiers. La valeur boursière dépend de nombreux paramètres parmi lesquels les anticipations que vont faire les acheteurs.

Ex. : Une start-up dont la capitalisation boursière s'élève à 1 500 000 € peut avoir une valeur boursière dix fois plus importante car les acheteurs estiment que la croissance potentielle est très importante.

■ Une entreprise peut également avoir une valeur patrimoniale importante mais une valeur boursière faible car les prévisions de croissance et de profit seront peu avantageuses.

2 Le partage du profit

A. Le bénéfice de l'entreprise

■ Le profit (bénéfice) réalisé par l'entreprise fait l'objet d'un partage entre plusieurs acteurs.

■ Une partie du bénéfice est mise en réserves pour financer la croissance future et assurer la pérennité de l'entreprise. Le reste revient aux actionnaires ou associés sous forme de dividendes. Une partie du bénéfice peut également revenir aux salariés sous forme de participation aux résultats.

B. La valeur actionnariale

■ Il s'agit de la part des bénéfices qui seront distribués sous forme de dividendes. Le dirigeant peut être amené à maximiser la valeur actionnariale aux dépens des autres acteurs car ses décisions sont soumises à l'approbation des apporteurs de capitaux qui souhaitent percevoir les dividendes les plus élevés possibles. Il s'agit de la richesse créée pour les actionnaires (ou associés).

C. La valeur partenariale

■ À l'inverse, la valeur partenariale tient compte des intérêts de toutes les parties prenantes. Les dirigeants peuvent être amenés à privilégier une approche partenariale de la distribution de la richesse créée par l'entreprise. Ainsi, une entreprise dont les dirigeants sont particulièrement engagés dans une démarche de responsabilité sociale et environnementale va, par exemple, décider de consacrer une part importante de son profit à l'investissement dans des processus de production plus écologiques.

■ L'entreprise peut également davantage impliquer les salariés dans le processus de partage des profits grâce à la mise en place de plans d'épargne d'entreprise ou le versement d'une participation aux profits.

■ De telles mesures sont soumises à l'approbation des actionnaires qui décident alors de privilégier une approche partenariale plutôt qu'actionnariale car elle s'inscrit dans le long terme.

À retenir !

■ Le profit qui provient de la valeur ajoutée créée par l'entreprise est réparti en fonction des objectifs qui sont fixés par les dirigeants. Ces derniers demeurent soumis aux décisions des actionnaires ou associés qui souhaitent maximiser leurs dividendes.

Le financement de l'entreprise

L'entreprise doit effectuer des **choix** entre tous les **moyens de financement** qui sont à sa disposition en fonction de sa **stratégie**, de sa **situation financière** et de son **environnement**.

1 Les modalités de financement

		Modalité	Descriptif
Internes		Apports personnels des associés en compte courant	L'entreprise emprunte une somme aux associés moyennant le paiement d'un intérêt.
Internes	Fonds propres	Autofinancement	Une partie de la valeur ajoutée est utilisée pour financer les investissements.
Externes	Fonds propres	Augmentation de capital	L'entreprise se procure des fonds auprès d'actionnaires ou d'associés en émettant de nouveaux titres (actions ou parts sociales).
Externes		Emprunt	L'entreprise a recours aux établissements de crédit (banques).
Externes		Crédit-bail	L'entreprise, qui ne souhaite pas emprunter, peut louer des matériels (en disposant d'une option d'achat).
Externes		Subventions	L'État ou les collectivités territoriales participent au financement des entreprises.
Externes		Financement participatif *(crowdfunding)*	L'essor d'Internet donne l'opportunité de faire appel au public et de lui permettre d'investir dans de jeunes entreprises en contrepartie d'un retour sur investissement.

2 Les besoins de financement

A. Le financement des investissements

■ L'entreprise, pour produire, doit financer l'acquisition des **immobilisations**.

■ L'investissement peut être :
– immatériel (*ex. :* acquisition d'un brevet) ;
– matériel (*ex. :* acquisition d'une machine) ;
– financier (*ex. :* acquisition d'actions).

Immobilisations

Actifs matériels (installations, etc.) et immatériels (brevets, etc.) conservés durablement. Il existe également des actifs financiers tels que les participations dans d'autres entreprises.

Formes d'investissements matériels

Investissement	Rôle
de capacité	Augmenter la production.
de productivité	Améliorer la performance et diminuer les coûts.
de remplacement	Remplacer l'ancien matériel.

B. Le financement de l'exploitation

■ L'entreprise doit également financer des besoins qui apparaissent lors du cycle d'exploitation qui représente le processus de production depuis les achats jusqu'aux ventes. Il faut, dans ce cadre, principalement financer :
– les stocks ;
– les délais de paiement accordés aux clients (créances clients).

Ressources procurées grâce aux crédits obtenus auprès des fournisseurs
–
Besoins dus à la détention des stocks et à l'octroi de délais de paiement aux clients
=
Besoin d'exploitation à financer

3 Les ressources tangibles et intangibles

■ En management, le terme « ressource » est utilisé indifféremment pour désigner tous les éléments concourant à la production, qu'il s'agisse de ressources ou d'emplois au sens financier (dans le bilan fonctionnel).

Ressources tangibles	• Les ressources physiques (équipements et matériels détenus par l'entreprise, stocks qui seront vendus ou transformés). • Les ressources humaines qui sont indispensables. • Les ressources financières qui proviennent de la valeur ajoutée dégagée par l'entreprise (autofinancement). • Les ressources financières externes.
Ressources intangibles	• Les ressources technologiques (brevets, logiciels, etc.). • Les ressources organisationnelles. • Les ressources mercatiques.

À retenir !

■ L'entreprise doit se procurer des ressources pour financer ses besoins d'exploitation et investir. Les ressources financières disponibles peuvent être internes ou externes.

L'analyse fonctionnelle du bilan

L'analyse du bilan fonctionnel permet d'examiner la **nature des ressources** qui financent les besoins. Elle mesure le **risque encouru** et la **santé financière** de l'entreprise.

1 Le bilan fonctionnel

■ Le bilan fonctionnel est le document comptable qui permet d'estimer les besoins de financement.

■ Il peut être présenté sous une forme condensée et permet de calculer des indicateurs visant à évaluer la santé financière de l'entreprise.

Ex. : **Présentation et analyse d'un bilan fonctionnel condensé**

Actif (emplois)	Montant (en €)	Passif (ressources)	Montant (en €)
Actif immobilisé (stable)		**Passif stable**	
Valeur des immobilisations	1 500	Fonds propres (capital, etc.) + dettes financières (emprunts)	1 764
		financent	
Actif circulant hors trésorerie		**Passif circulant hors trésorerie**	
Valeur des stocks et des créances	300	Dettes fournisseurs/fiscales/sociales Autres dettes	143
	sont financés		
Trésorerie active		**Trésorerie passive**	
Disponibilités (en banque et caisse)	123	Découvert bancaire	16
TOTAL	**1 923**	**TOTAL**	**1 923**

2 L'analyse du financement des investissements

■ Le financement des investissements concerne le haut du bilan fonctionnel c'est-à-dire le passif et l'actif stable. Les ressources (passif) stables doivent financer l'actif immobilisé.

FRNG = passif stable – actif stable

■ Le fonds de roulement net global positif (FRNG) traduit la capacité de l'entreprise à financer correctement ses investissements (actif immobilisé). Il doit donc être positif. Un FRNG négatif est le signe d'une structure financière risquée. Un FRNG positif signifie qu'il subsiste une ressource excédentaire après le financement des investissements.

Ex. (suite) : FRNG = 1 764 – 1 500 = 264

3 L'analyse du financement de l'exploitation

■ Le **passif circulant** regroupe les dettes à court terme (exploitation et hors exploitation) qui financent en partie ou totalement les actifs circulants.

BFR = actif circulant hors trésorerie – passif circulant hors trésorerie

■ Le **besoin en fonds de roulement** (BFR) correspond au besoin de financement de l'actif circulant né au cours du cycle d'exploitation. Généralement l'actif circulant n'est pas totalement financé par le passif circulant et il subsiste un besoin qui devra être financé grâce au FRNG.

Ex. (suite) : BFR = 300 – 143 = 157

4 L'analyse de la trésorerie nette (TN)

■ Quand le fonds de roulement net global est suffisant pour couvrir le besoin en fonds de roulement, le montant qui reste est alors laissé en banque (en disponibilités).

TN = FRNG – BFR

■ Si le FRNG n'est pas à la hauteur du BFR, le besoin de financement résiduel sera apporté par du crédit à très court terme c'est-à-dire une trésorerie nette négative. Cette dernière situation est défavorable car elle entraîne le paiement d'un agio coûteux à la banque (frais bancaires et intérêts).

Ex. (suite) : TN = 264 – 157 = 107

■ On peut constater la TN dans le bilan :

trésorerie active – trésorerie passive

Ex. (suite) : TN = 123 – 16 = 107

Remarque

Certaines activités comme la distribution ou la restauration dégagent des ressources de financement grâce au cycle d'exploitation car les clients paient comptant. Le BFR est alors négatif et constitue une ressource.

En cas de trésorerie nette négative

Solution	Comment
Augmenter le FRNG	La solution la plus simple consiste à souscrire un emprunt pour augmenter les ressources stables. On peut également procéder à une augmentation de capital.
Diminuer le BFR	Diminution du montant des créances clients en réduisant le délai de paiement des clients. Diminution du montant des stocks.
	Augmentation du montant des dettes d'exploitation en augmentant le délai de règlement aux fournisseurs (les dettes fournisseurs constituent la plus grande partie des dettes d'exploitation).

À retenir !

■ L'analyse fonctionnelle du bilan consiste à calculer le FRNG, le BFR et la trésorerie nette afin d'évaluer la santé financière de l'entreprise.

La gestion des emplois et des parcours professionnels

Fiche 25

La gestion prévisionnelle des emplois et des compétences (GPEC) est remplacée par la gestion des emplois et des parcours professionnels.

1 Présentation de la GPEC

A. Définition et objectifs

■ **La gestion des emplois et des parcours professionnels (GEPP) permet :**
– d'accompagner le changement en mettant en avant les compétences des salariés ;
– d'adapter la gestion des RH pour parvenir à une situation souhaitée par l'entreprise en fonction de son environnement (économique, social, juridique).

■ **C'est une démarche importante pour la performance de l'entreprise.** Elle permet aussi aux salariés d'envisager des évolutions de carrière.

Remarque
La GEPP a vu le jour le 5 septembre 2018 dans le cadre de la loi Avenir, suite à la refonte du système de formation professionnelle pour l'ensemble des salariés et actifs.

B. Le fonctionnement de la GEPP

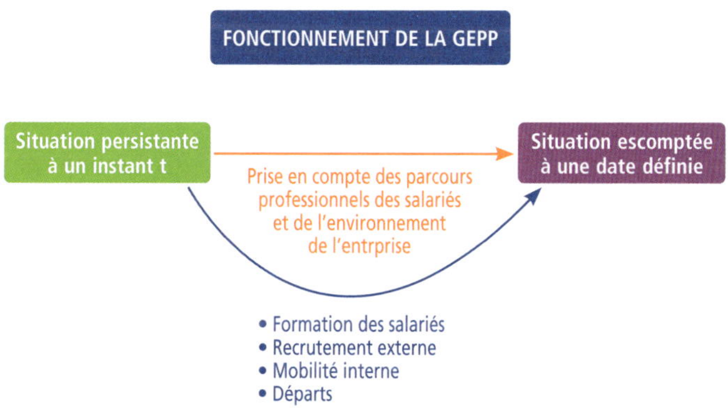

2 La démarche de GPEC

- **Étape ❶** Définition des objectifs en lien avec la démarche stratégique de l'entreprise
- **Étape ❷** Diagnostic des compétences détenues, mettre en évidence les écarts
- **Étape ❸** Définition d'un plan d'action pour atteindre la situation souhaitée
- **Étape ❹** Mise en place de la GEPP
- **Étape ❺** Évaluation des résultats

étape 1 La GEPP va devoir correspondre aux enjeux stratégiques de l'entreprise, et apporter les compétences nécessaires à l'atteinte des objectifs. Il peut s'agir de la valorisation de la marque employeur, du déploiement des projets RSE (responsabilité sociétale de l'entreprise), l'anticipation des modifications d'effectifs prévisibles dans les années à venir (par exemple, de nombreux départs à la retraite).

étape 2 Il faut prendre en compte la situation à l'instant T en termes d'effectifs, de métiers, d'emplois, de talents et de compétences. Un diagnostic est nécessaire afin de faire un bilan précis afin de mettre en évidence les écarts existants entre la situation réelle et la situation souhaitée.

étape 3 Dans cette étape, il va s'agir de définir un plan d'action prenant en compte les objectifs mais aussi des moyens, des méthodes, des délais et des critères d'évaluation pour atteindre de manière optimale les objectifs. Les méthodes peuvent passer par la mobilité interne, le recrutement, la formation.

étape 4 La mise en place des actions de le GEPP devra nécessiter une communication efficace pour les différentes actions afin d'optimiser le temps.

étape 5 Il va falloir analyser les résultats, ajuster les actions mises en place si besoin, retenir ce qui a été positif pour s'appuyer sur ces éléments.

À retenir !

- La GEPP signifie « Gestion des emplois et des parcours professionnels ».
- Il s'agit d'un dispositif au service de l'organisation dont le but est d'assurer une gestion optimum des ressources humaines, en prenant en compte le parcours professionnel des salariés.

Les besoins en recrutement et en formation

Lorsque l'organisation met en place une **démarche de GPEC**, des recrutements et des formations sont souvent engagés. Ces derniers sont importants et ont des **impacts sur la vie de l'organisation**.

1 Les besoins en recrutement

A. Schéma heuristique des besoins en recrutement

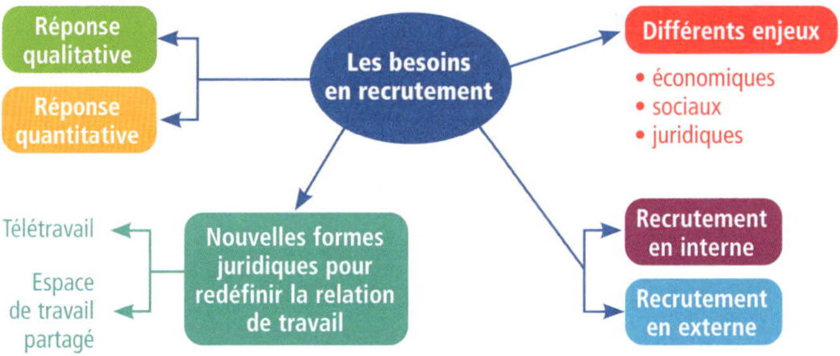

B. Les enjeux du recrutement

■ Le **recrutement** répond quantitativement aux besoins de l'organisation mais aussi qualitativement puisque l'arrivée de nouveaux salariés permet à l'organisation de détenir des compétences supplémentaires.

> **Recrutement**
> Processus qui comporte plusieurs étapes et qui consiste à chercher, à sélectionner puis à intégrer un nouveau collaborateur au sein d'une organisation.

■ Un recrutement est une décision importante dans la vie de l'organisation. Il revêt plusieurs enjeux :

Les enjeux économiques	Le recrutement représente un coût pour l'organisation (recherche du candidat, entretien, accueil, intégration, formation éventuelle). Il est donc nécessaire que ce recrutement soit le plus durable possible.
Les enjeux sociaux	L'arrivée de nouveaux salariés dans l'organisation peut influencer positivement ou négativement le climat social. Il est donc important de veiller à la cohésion des équipes en place en dialoguant et expliquant les recrutements.
Les enjeux juridiques	Le choix du contrat est un élément important pour l'organisation qui engage la réussite du recrutement. En effet, en fonction du contrat choisi, le salarié peut être plus ou moins impliqué ; si le recrutement s'avère être un échec et que l'organisation doit procéder à un licenciement, cela occasionnera, par ailleurs, des démarches juridiques importantes.

- Le recrutement peut être effectué :
– en interne (l'emploi à pourvoir est proposé à un salarié déjà en poste dans l'organisation) ;
– en externe (cela consiste à recruter des candidats externes à l'organisation).

- Les organisations ont à leur disposition différentes formes juridiques pour redéfinir la relation de travail. Ces formes innovantes de la relation de travail (télétravail, espace de travail partagé, etc. → Fiche 6) sont accompagnées par les nouvelles technologies.

2 Les besoins en formation

A. Les types de formations

- Afin de répondre aux besoins en compétences, l'organisation peut choisir de former les salariés.

- Elle peut opter pour une formation en interne (elle assure elle-même la formation des membres de l'organisation) ou en externe (elle fait appel à un prestataire extérieur).

- La formation peut également être individuelle ou collective en fonction des besoins de l'organisation.

B. Les objectifs de la formation

- La formation vise à ajuster et développer les compétences des salariés afin de favoriser leur adaptation à l'évolution des emplois, les nouvelles technologies étant notamment de plus en plus présentes dans les organisations.

- Les actions de formation permettent également aux salariés d'acquérir une qualification plus élevée et des compétences nouvelles.

À retenir !

- Pour être performantes, les organisations ont la possibilité de recruter et/ou de former leurs salariés. Le recrutement permet de faire varier les ressources humaines de manières quantitative et/ou qualitative tandis que les formations amènent l'acquisition de nouvelles compétences.

Les choix de production

Avant de déterminer précisément les **modes de production** à utiliser, les organisations doivent s'interroger sur leurs **choix stratégiques** en matière de production.

1 Analyses préalables aux choix des modes de production

A. L'influence de l'environnement

■ Les méthodes de production devront être plus ou moins flexibles en fonction de l'instabilité de l'environnement. Elles devront également permettre l'adaptation de l'offre aux besoins et aux nouvelles méthodes de distribution afin d'accroître la performance de l'organisation.

B. L'innovation de procédés

■ L'innovation de procédés consiste à apporter des améliorations pour obtenir la meilleure combinaison productive possible.

Ex. : **L'impression 3D** permet de fabriquer des objets complexes de manière rapide et personnalisée, en réduisant considérablement les coûts de production et les délais de livraison.

Remarque
Avant de déterminer les modes de production à utiliser, les organisations doivent s'interroger sur leurs capacités à innover dans leurs procédés de fabrication.

■ L'innovation de procédés peut aussi porter sur de nouvelles méthodes de distribution.

Ex. : Amazon propose un suivi très précis de la commande grâce à une localisation du livreur par GPS. Cela permet au client, *via* l'application ou le site Internet, de savoir précisément quand son colis sera livré.

■ L'innovation aura pour but d'apporter un avantage concurrentiel à l'organisation. De plus, les méthodes de production seront plus flexibles, ce qui permettra à l'organisation de mieux adapter son offre aux besoins des consommateurs et aux évolutions de l'environnement afin d'accroître sa performance.

2 Les types et modes de production

A. La production de biens

■ La production de biens doit être cohérente avec la finalité et les objectifs stratégiques de l'organisation. On distingue quatre modes de production, choisis en fonction des quantités produites et de la nature du bien.

■ La production à l'unité : elle consiste à fabriquer un seul produit, très souvent à la suite d'une demande de la part du client. Ce mode de production permet à l'organisation de répondre aux demandes clients et de diminuer les stocks.

Ex. : Le prototype de la voiture volante Zapata, une robe faite sur mesure, un Airbus, etc.

– La production en série : elle consiste à fabriquer un produit identique dans une petite ou grande quantité (série).

Exemples	
Petite série	Bentley a proposé une petite série (10 unités produites) de voitures de luxe ultra-personnalisables pouvant atteindre chacune 1 million d'euros.
Grande série	La Peugeot 208 nécessite 27 heures de travail pour être produite. Avec un peu plus de 285 000 véhicules produits, elle a été la citadine la plus vendue en France, en 2018.

– La production en continu : elle consiste à produire de manière ininterrompue (24 h/24 et 7 j/7). Ce mode de production est adapté en fonction de la nature du produit et des contraintes techniques, notamment lorsque l'arrêt des machines serait trop coûteux.

Ex. : Dans les raffineries de pétrole, la production se fait en continu.

– La production en discontinu : elle consiste à produire de manière intermittente ou par cycle. Ce mode de production est adapté à des produits très variés ou fabriqués en faible quantité.

Ex. : Dans la fabrication des pâtes alimentaires, il est nécessaire d'adapter l'outil de production à la mise en forme. La production se fera alors en discontinu pour permettre la réalisation de différents types de pâtes (coquillettes, spaghettis, etc.).

B. La production de services

■ La production de services présente des particularités. En effet, le service ne peut être stocké et est intangible. De plus, le client participe, plus ou moins, à sa production.

Ex. : L'utilisation des bornes de commande dans de nombreux *fastfoods*.

À retenir !

■ Les choix de production sont influencés par l'environnement et le degré d'innovation souhaité. Les choix de modes de production seront fonction de la nature du produit, de la quantité souhaitée et de la personnalisation de l'offre.

Le pilotage de la production et la logistique

Fiche 28

Après avoir opéré les choix en matière de modes de production, l'entreprise devra s'interroger sur le **pilotage**, ainsi que l'**obtention et le maintien de la qualité dans la production**.

1 Les modes de pilotage et de gestion logistique

A. Les modes de pilotage de la production

■ Afin de piloter sa production, l'entreprise a le choix entre deux modes de pilotage de la production :

– flux tendus : la production est déclenchée par des demandes effectives de clients. C'est donc la commande qui déclenche le processus de production. Ce mode de pilotage vise à limiter au maximum les stocks ;

Ex. : Tous les objets à personnaliser lors de la commande tels que les tabliers de cuisine, les tapis de souris, etc., sont produits à la demande du client.

– flux poussés : la production est effectuée en fonction d'une prévision des ventes. En fonction de cette prévision, les produits sont stockés puis seront vendus.

Ex. : Les jouets vendus chaque année pour Noël ont été produits plusieurs mois auparavant.

B. La gestion de la chaîne logistique

■ La logistique vise à optimiser de façon continue tous les processus de la chaîne d'approvisionnement et de distribution.

Remarque

La gestion de la chaîne de logistique est aussi appelée *supply chain management*.

Processus schématisé de la chaîne d'approvisionnement et de distribution

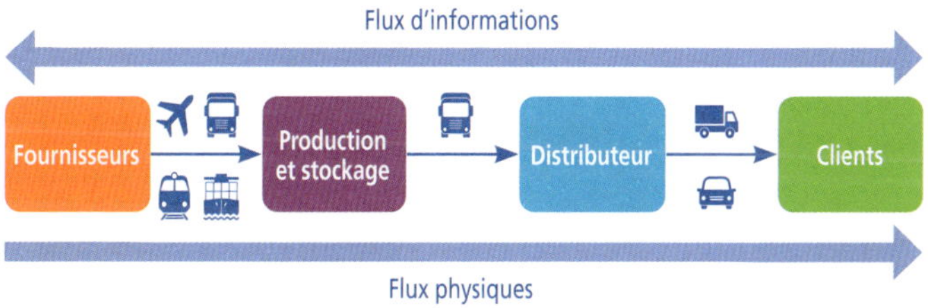

■ Les flux physiques portent sur les matières premières et les produits finis.

- Les flux d'informations portent sur la commande, les retours clients, etc.
- La logistique permettra de mettre à disposition le bon produit, au bon endroit, au bon moment dans les meilleures conditions possibles et au moindre coût.

2 La qualité dans les processus de production

- Deux concepts vont permettre à l'organisation de vérifier la bonne gestion de sa productivité.

A. Le *workflow* (→ Fiche 36)

- Le *workflow* (automatisation des flux d'informations et de travaux) est la modélisation et la gestion informatique des tâches à réaliser ainsi que des différents acteurs concernés par le processus de production. Les tâches concernées sont souvent répétitives. Le *workflow* permet une régularité de la qualité dans les processus et les produits normalisés.

Ex. : La production de hamburgers dans l'enseigne McDonald's fonctionne selon ce principe. L'employé applique des procédés afin que le produit soit identique quel que soit le restaurant, et que les règles de sécurité soient respectées.

B. Le *business model*

- Le *business model* est un concept formalisé dans un document synthétique qui décrit la situation d'une entreprise sur un marché afin de mettre en évidence la manière dont elle pourra générer des profits.
- C'est un outil essentiel puisqu'il est l'élément clé du *business plan*. Il permet de mettre en évidence le fonctionnement de l'entreprise, ses activités, son positionnement, ses objectifs et les ressources dont elle dispose.

Ex. : *Le business model* le plus utilisé est CANVAS.

Partenaires clés	Activités clés	Proposition de valeur	Relations clients	Segments clients
	Ressources clés		Canaux	
Structure des coûts			Sources de revenus	

- Un changement du *business model* constitue une innovation.

À retenir !

- L'entreprise choisit un mode de pilotage pour sa production. Elle peut s'orienter vers des flux tendus ou poussés.
- Afin d'optimiser ses ressources et l'acheminement du produit, elle modélise et formalise ces flux à l'aide d'un *workflow* et d'un *business model*.

L'importance de la qualité

La qualité est un **enjeu majeur** de la production. Elle peut représenter un **avantage concurrentiel** et constitue donc un élément important de différenciation au regard de la concurrence.

1 La qualité

A. Définition

■ La qualité est la capacité d'un bien ou d'un service à satisfaire pleinement les besoins du consommateur ou de l'usager.

B. Le contrôle de la qualité

■ L'organisation doit mettre en place un suivi de la qualité afin de s'assurer de son maintien. Ce contrôle peut porter sur la production, la gestion des ressources humaines ou encore sur la qualité externe.

■ Il existe de très nombreux indicateurs permettant d'évaluer la qualité ; ils seront choisis en fonction du type de produits.

C. L'attestation de la qualité

■ Des normes et des labels existent pour attester de la qualité :

– Une norme constitue un cadre de référence établi entre professionnels et utilisateurs qui devra être respecté afin de pouvoir attester la qualité d'un bien ou d'un service. Il existe de nombreux organismes de certification comme ISO au niveau international et Afnor (association française de normalisation) au niveau national.

– Un label est une marque collective matérialisée par un signe qui atteste la prise en compte de certaines normes dans la conception, la fabrication et la distribution d'un produit. Un label certifie la qualité du produit et constitue un élément de différenciation par rapport à la concurrence. Les labels publics, gérés par des organismes publics, confèrent de la crédibilité à l'offre.

> **Remarque**
> Les labels privés ne sont pas toujours garants de la qualité, ils sont très controversés car ils constituent souvent un élément marketing.

Ex. : Le label AB (Agriculture Biologique) est géré par le ministère de l'Agriculture.

2 L'amélioration de la qualité

A. Le processus d'amélioration

■ Des efforts continus pour maintenir et améliorer la qualité des biens ou des services devront être effectués grâce à la mise en place d'un processus d'amélioration continue de la qualité. Ceci permettra à l'entreprise de conserver un avantage concurrentiel lié à la qualité.

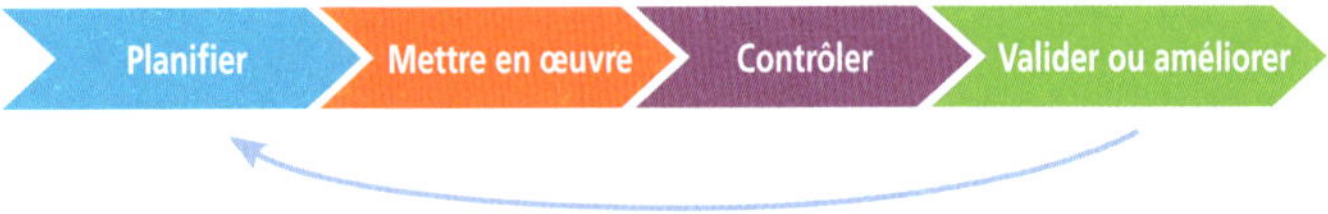

B. Le cahier des charges

■ La mise en œuvre du processus d'amélioration passe par l'élaboration d'un cahier des charges et de procédures précis.

Ex. : Dans les restaurants McDonald's, les steaks hachés sont cuits à une température de 69 °C minimum pour assurer une sécurité alimentaire optimale et conserver les qualités gustatives de la viande.

■ Des indicateurs préalablement fixés permettront ensuite de contrôler le niveau de qualité exigé sur l'ensemble du processus. Des procédures d'amélioration seront mises en place, si nécessaire.

3 La qualité dans les organisations publiques

A. Les enjeux

■ Les organisations publiques ont pour finalité la production de services publics afin d'assurer une mission de service public. Dans ce cadre, elles doivent garantir un service de qualité afin de répondre aux besoins précis des usagers. Elles ont donc pour objectifs d'améliorer le service rendu, de préserver le bon accès de tous aux services publics et de renforcer le lien de confiance entre usagers et administration.

B. Les éléments de la qualité

■ Pour répondre à ces enjeux de qualité, l'organisation publique doit proposer un service public qui repose sur :
- la qualité de l'information véhiculée au public ;
- la personnalisation des relations entre l'usager et l'agent ;
- la simplification des démarches et formalités administratives.

■ La réduction des délais est un axe important de la qualité du service public puisque les organisations privées peuvent être pénalisées par l'importance des délais imposés par les organisations publiques.

À retenir !

■ La qualité passe par la satisfaction du consommateur. Des contrôles sont nécessaires pour en assurer le maintien. Pour attester la qualité d'un produit, l'organisation peut avoir recours à des labels.

Les méthodes de calcul des coûts

Les méthodes de détermination des coûts sont variées. Le **choix d'une méthode** dépend de l'**objectif** que l'on se fixe.

1 Les coûts complets (→ Fiches 31 et 32)

■ La méthode des coûts complets consiste à déterminer le coût de revient d'un produit grâce à la distinction entre charges directes et charges indirectes.

■ Objectif de la méthode : pouvoir fixer un prix de vente supérieur au coût de revient qui permette de dégager une marge bénéficiaire.

Le principe de la méthode des coûts complets

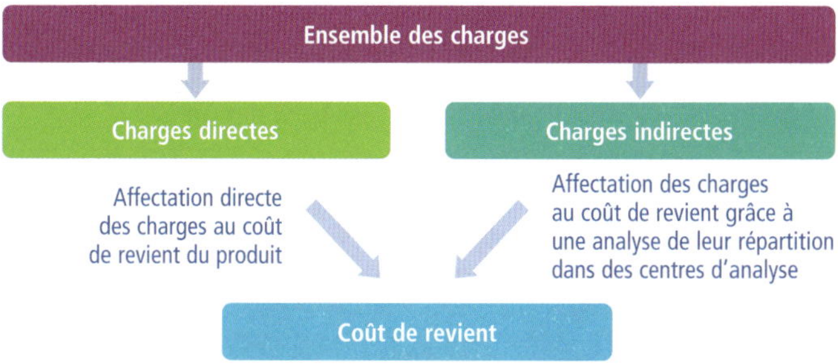

■ Inconvénient de la méthode : l'affectation des charges indirectes requiert une analyse du processus de production. Il est parfois très difficile de déterminer les clés de répartition (pourcentages d'affectation) en fonction de telle ou telle activité.

> **Remarque**
> Il y a d'autres contraintes qui interviennent dans la détermination du prix de vente, par exemple les prix pratiqués par la concurrence.

2 Les coûts partiels (→ Fiche 33)

■ La méthode des coûts partiels permet de déterminer la rentabilité d'une activité. Elle repose sur la distinction entre charges fixes et charges variables.

■ Objectif de la méthode : déterminer le seuil de rentabilité d'une activité afin de connaître le niveau de ventes ou le prix qui permettra de dégager des bénéfices.

Les charges fixes (ou de structure)	Elles ne dépendent pas du niveau d'activité. Elles peuvent cependant varier dans le temps en fonction d'autres facteurs.	*Ex.* : loyer, salaires fixes.
Les charges variables	Elles dépendent du niveau d'activité. Plus le niveau des ventes est important, plus le montant total des charges variables est élevé.	*Ex.* : achat de marchandises, commission sur les ventes.

Remarque

Il existe des charges qui ont à la fois une part fixe et une part variable. Ce sont les charges semi-variables.

■ Inconvénient : cette méthode concerne l'ensemble de l'activité et ne permet pas de déterminer si un produit donné est rentable ou non pour des entreprises qui commercialisent plusieurs produits.

3 Les coûts spécifiques (→ Fiche 34)

■ La méthode des coûts spécifiques reprend les principes de la méthode des coûts partiels car elle repose sur la distinction entre charges fixes et variables. Elle reprend également certains principes de la méthode des coûts complets car elle introduit la distinction entre charges fixes spécifiques et communes.

■ Objectif de la méthode : déterminer la contribution d'un produit donné à la rentabilité de l'ensemble de l'activité.

Le principe de la méthode des coûts spécifiques

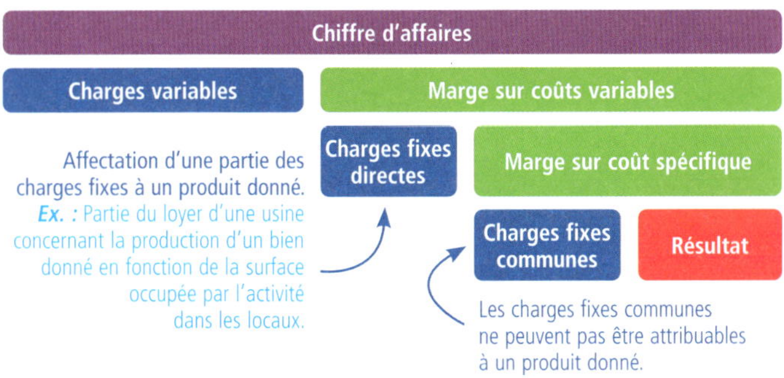

■ Inconvénient de la méthode : comme pour la méthode des coûts complets, il est difficile d'évaluer la part des charges fixes attribuable à un produit.

À retenir !

■ Chaque méthode d'évaluation des coûts possède ses avantages et ses limites. Le choix d'une méthode va non seulement dépendre des objectifs visés mais également de la capacité de l'entreprise à effectuer une analyse de ses charges.

Les coûts complets : l'analyse des coûts

Fiche 31

Cette méthode permet de déterminer le **coût de revient d'un produit ou d'un service vendu** et donc le bénéfice ou la perte (résultat analytique) de l'entreprise, si on connaît le prix de vente.

1 Le schéma de production d'une entreprise de fabrication

Enchaînement de cinq étapes :
approvisionnement – stockage – production – stockage – vente

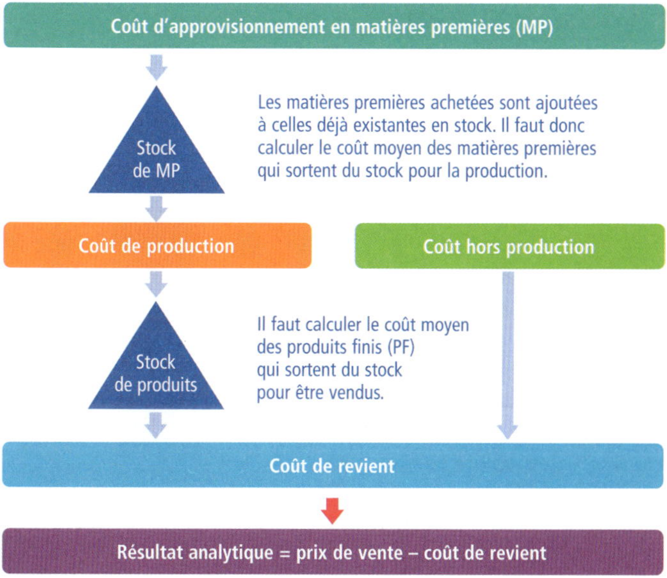

- Chaque étape donne lieu au calcul d'un coût.
- Chaque coût est composé de charges directes et de charges indirectes.

2 Les charges directes

- Les charges directes sont des coûts qui peuvent être imputés (affectés) directement au produit.

Ex. : La rémunération d'un salarié affecté à la production d'un produit.

3 Les charges indirectes

■ Les charges indirectes sont communes à l'ensemble de l'activité de l'entreprise.

Ex. : Le loyer relatif aux locaux de l'entreprise.

■ Pour déterminer la partie qui sera affectée à un produit et à une activité donnée, on utilise un tableau de répartition des charges indirectes.

Ex. : Une entreprise produit des paires de chaussettes. Elle souhaite connaître leur coût de revient.

Tableau de répartition des charges indirectes

Centres d'analyse	Approvisionnement	Production	Distribution
Totaux après répartition secondaire	24 300	440 000	69 720
Nature des UO ou assiette de frais	1 kg de polyamide acheté	1 heure de MOD (main-d'œuvre directe)	1 euro de vente
Nombre d'UO ou assiette de frais	25 000	20 000	950 000
Coût de l'UO ou taux de frais	0,97 €	22,00 €	0,07 €

■ L'unité d'œuvre (UO) est l'unité de référence choisie pour calculer le montant des charges indirectes pour chaque coût. On parle également d'assiette de frais quand l'UO est exprimée en euros.

■ La nature de l'unité d'œuvre correspond à l'élément qui représente le mieux l'activité du **centre d'analyse**.

■ Le coût de l'unité d'œuvre est calculé en divisant le total par le nombre d'unités d'œuvre.

Centres d'analyse

Ils correspondent à des fonctions ou étapes principales du cycle d'exploitation et permettent de répartir les charges indirectes sur chaque coût à calculer : approvisionnement, production, distribution, etc.

À retenir !

■ La méthode des coûts complets est une technique de calcul en plusieurs étapes qui permet d'aboutir à la détermination des coûts de revient de chacun des produits afin de connaître leur rentabilité.

Les coûts complets : le coût de revient

Le calcul du coût de revient aboutit à la détermination du **résultat analytique** c'est-à-dire au bénéfice ou la perte réalisé(e) lors de la vente d'un produit donné. Dans cette fiche, on prend l'exemple d'une entreprise qui produit des paires de chaussettes pour expliquer le calcul complet.

1 Le coût d'approvisionnement

***Ex.* :** Les achats se sont élevés à 25 000 kg de polyamide à 2 € le kilo.

étape 1 Calcul du coût d'approvisionnement du polyamide

Éléments	Quantité	Prix unitaire (en €)	Montant (en €)
Charges directes			
Prix d'achat	25 000	2,00	50 000
Charges indirectes			
Centre appro.	25 000	0,97	24 250
Coût d'appro.	**25 000 kg**	$\frac{74\,250}{25\,000} = 2{,}97$	**74 250**

Tableau de répartition des charges indirectes (→ **Fiche 31**, p. 68) → 1 kg acheté engendre 0,97 € de charges indirectes.

2 Le coût de production

***Ex.* (suite) :** Le stock de polyamide existant s'élève à 5 000 kg pour une valeur totale de 15 000 € avant l'achat. Les quantités achetées de polyamide s'élèvent à 25 000 kg pour une valeur totale de 74 250 €.

étape 2 Il faut calculer la valeur d'un kg de polyamide existant en stock après l'achat. On calcule alors le coût unitaire moyen pondéré :

$$\text{CUMP} = \frac{\text{valeur du stock après l'achat}}{\text{quantité en stock après l'achat}}$$

soit $\frac{15\,000 + 74\,250}{5\,000 + 25\,000} = \mathbf{2{,}98\ €/kg}$.

Remarque
C'est ce CUMP qui sera utilisé pour calculer le coût de production.

***Ex.* (suite) :** La fabrication de 80 000 paires de chaussettes nécessite 8 000 kg de polyamide et 12 000 heures de main-d'œuvre à 15 € de l'heure.

étape 3 Coût de production des paires de chaussettes

Éléments	Quantité	Prix unitaire (en €)	Montant (en €)
Charges directes			
Polyamide	8 000	2,98	23 840
MOD	12 000	15,00	180 000

Charges indirectes Centre production	12 000	22,00	264 000
Coût de production	**80 000 paires**	$\frac{242\,840}{80\,000}$ = **5,85**	**467 840**

Tableau des charges indirectes (→ **Fiche 31**)
→ 1 heure de MOD engendre 22 € de charges indirectes.

3 Le coût hors production (distribution)

Ex. (suite) : 83 000 paires sont prélevées du stock pour être vendues au prix de 6,90 € la paire.

Tableau des charges indirectes (→ **Fiche 31**) → 1 € de chiffre d'affaires engendre 0,07 € de charges indirectes de distribution.

■ Le chiffre d'affaires s'élève à 83 000 × 6,90 = 572 700 €.
Il y a donc **572 000 × 0,07 = 40 089 € de coût hors production**.

4 Le coût de revient

Ex. (suite) : Il y avait déjà 6 000 paires en stock pour un montant total de 31 200 € avant la production.

étape 4 Calcul du coût unitaire moyen pondéré (CUMP) à la sortie du stock de produits finis

$$\frac{31\,200 + 467\,840}{6\,000 + 80\,000}$$ = **5,80 € par paire** se trouvant en stock après la production.

étape 5 Calcul du coût de revient

Éléments	Quantité	Prix unitaire (en €)	Montant (en €)
Charges directes Coût (en stock) des produits vendus	83 000	5,80	481 400
Charges indirectes de distribution	572 700	0,07	40 089
Coût de revient	**83 000**	$\frac{521\,489}{83\,000}$ = **6,28**	**521 489**

Tableau des charges indirectes (→ **Fiche 31**)
→ 1 € de chiffre d'affaires engendre 0,07 € de charges indirectes.

■ L'entreprise réalise ici un bénéfice unitaire de 6,90 – 6,28, soit **0,62 € par paire**, et un bénéfice total de 572 700 – 521 489, soit **51 211 € pour les 83 000 paires vendues**.

Remarque
Un produit doit être vendu à un prix supérieur à son coût de revient pour qu'il y ait un bénéfice (marge bénéficiaire).

À retenir !

■ Afin de calculer le coût de revient d'un produit, il faut respecter les différentes étapes de calcul correspondant à chaque coût et chaque phase de stockage.

Les coûts partiels : le seuil de rentabilité

Fiche 33

Évaluer la rentabilité consiste à **calculer le bénéfice ou la perte dégagé(e) par une activité marchande** qu'il s'agisse d'une opération ponctuelle ou d'une activité se déroulant tout au long de l'année.

1 Le seuil de rentabilité en valeur

■ Le seuil de rentabilité (SR) en valeur représente le minimum de chiffre d'affaires (CF) à réaliser pour faire un bénéfice.

$$\text{SR valeur} = \frac{\text{CF}}{\text{TMCV}}$$

Ex. : **Journée promotionnelle « guitares » dans une UC**

- Prix catalogue de la guitare : 120 € TTC (TVA 20 %)
- Coût d'achat HT d'une guitare : 60 €
- Coûts : flyers 800 €, animation 1 100 €
- Prévision de ventes : 50 unités

Compte de résultat différentiel (par variabilité des charges)

	En €	En % du CA
CHIFFRE D'AFFAIRES	**5 000**	**100 %**
Prix HT	$\frac{120}{1,20} = 100$ €	
CA HT	50 × 100 = 5 000 €	
– CHARGES VARIABLES	**3 000**	**3 000 / 5 000 = 60 %**
Coût d'achat total HT	50 × 60 = 3 000 €	
= MCV	**2 000**	**2 000 / 5 000 = 40 %**
– CHARGES FIXES (CF)	**1 900**	**/**
Flyers	800 €	**TMCV** = taux de marge sur charges variables
Animation	1 100 €	
= RÉSULTAT	**100**	**/**

Donc $\text{SR valeur} = \frac{1\,900}{0,40} = 4\,750$ €.

2 Le seuil de rentabilité en volume

■ Le seuil de rentabilité en volume représente la quantité minimum à vendre pour faire un bénéfice.

$$\text{SR volume} = \frac{\text{SR valeur}}{\text{prix de vente unitaire HT}}$$

Remarque

Le seuil de rentabilité en volume peut également être exprimé en nombre de clients quand on dispose du panier ou du ticket moyen au lieu du prix de vente unitaire.

Ex. (suite) : SR volume = $\frac{4\,750}{100}$ = 47,50, soit 48 guitares.

3 Cas particulier : pas de prévision de vente

■ Sans prévision de vente, le compte de résultat par variabilité des charges n'est pas indispensable car on raisonne sur 1 unité vendue.

$$\text{SR volume} = \frac{\text{CF}}{\text{marge sur charges variables unitaire}}$$

Ex. (suite) : MCV unitaire = prix de vente HT – charges variables
= 100 – 60 = 40 €

SR volume = $\frac{1\,900}{40}$ = 47,50, soit 48 guitares.

$$\text{SR valeur} = \text{SR volume} \times \text{prix de vente unitaire HT}$$

Ex. (suite) : SR valeur = 48 × 100 = 4 800 €

Il s'agit ici d'un SR en valeur réel et non théorique qui tient compte de l'arrondi à 48 guitares. Il diffère du SR en valeur théorique déterminé dans la première méthode.

4 Le calcul du point mort

■ Le point mort représente le nombre de jours au terme desquels le seuil de rentabilité est atteint. Il peut éventuellement être converti en date.

$$\text{Point mort} = \frac{\text{SR valeur}}{\text{chiffre d'affaires}} \times \text{nombre de jours de l'opération}$$

Ex. : **Calcul du point mort lors d'une opération promotionnelle réalisée par une unité commerciale.**

Le chiffre d'affaires prévisionnel d'une semaine promotionnelle (6 jours d'ouverture) est estimé à 12 000 €, le seuil de rentabilité en valeur s'élève à 9 000 €.

Remarque

Quand le SR est calculé sur 1 an, on prend 360 jours. Quand il s'agit d'une opération journalière, on ne calcule pas de point mort.

Point mort = $\frac{9\,000}{12\,000}$ × 6 = 4,5 jours donc au milieu du cinquième jour.

À retenir !

- Le SR représente le chiffre d'affaires ou les quantités à vendre permettant d'avoir un bénéfice. Il faut distinguer charges variables et charges fixes pour calculer le SR.
- Le point mort est le délai minimum qui permet d'obtenir un bénéfice.

Les coûts spécifiques

La méthode des coûts spécifiques permet de juger de la **rentabilité d'un bien** (ou d'un service) donné grâce à l'**évaluation de la marge** que sa vente dégage.

1 La marge sur coûts variables (MCV)

■ Le calcul de la marge sur coûts variables est la première étape :

MCV = chiffre d'affaires HT – coûts variables HT

Ex. : L'entreprise Alpha fabrique des chaussettes en coton et en fil d'Écosse. Vous disposez des données suivantes :

	Coton	Fil d'Écosse
Coûts variables HT pour une paire	0,87	1,12

Chiffre d'affaires	Coton	Fil d'Écosse
Quantités vendues	10 000 paires	6 500 paires
Prix de vente HT	3,20 la paire	4,20 la paire

Remarque

Comme dans la méthode des coûts partiels, la méthode des coûts spécifiques repose sur la distinction entre charges fixes et variables.

Calcul de la MCV	Coton	Fil d'Écosse
Chiffre d'affaires	10 000 × 3,20 = 32 000 €	6 500 × 4,20 = 27 300 €
Coûts variables	10 000 × 0,87 = 8 700 €	6 500 × 1,12 = 7 280 €
Marge sur coûts variables	32 000 – 8 700 = **23 300 €**	27 300 – 7 280 = **20 020 €**

2 La marge sur coûts spécifiques (MCS)

■ Une partie des coûts fixes peut être répartie sur les produits vendus : ce sont les coûts fixes spécifiques.

MCS = marge sur coûts variables – coûts spécifiques

Ex. (suite) : Les frais fixes (de structure) s'élèvent à 45 000 €. 60 % sont des frais spécifiques que l'on peut imputer à hauteur de 52 % aux chaussettes en coton et de 48 % à celles en fil d'Écosse.
Montant des frais spécifiques : 45 000 × 60 % = 27 000 € (il reste donc 45 000 – 27 000 = 18 000 € de charges fixes communes qui ne peuvent pas être réparties).

Calcul de la MCS	Coton	Fil d'Écosse
Marge sur coûts variables	23 300 €	20 020 €
Coûts spécifiques : 27 000 €	52 % × 27 000 = 14 040 €	48 % × 27 000 = 12 960 €
Marge sur coûts spécifiques	23 300 – 14 040 = **9 260 €**	20 020 – 12 960 = **7 060 €**

3 Le résultat

■ Les marges sur coûts spécifiques doivent permettre de couvrir les charges fixes communes qui n'ont pas été réparties.

Résultat = somme des MCS – charges fixes communes

Ex. (suite) :

Calcul du résultat	Coton	Fil d'Écosse
Marge sur coûts spécifiques	9 260 €	7 060 €
Charges fixes communes	18 000 €	
Résultat	– 1 680 €	

Ici, l'entreprise réalise une perte sur l'ensemble de sa production.

4 L'analyse du résultat

■ Le taux de marge sur coût variable représente la part (en %) du chiffre d'affaires qui permettra de couvrir les coûts fixes.

■ Le taux de couverture des charges fixes communes représente la capacité d'un produit donné à participer au financement des charges fixes communes.

Ex. (suite) :

Calcul des indicateurs	Coton	Fil d'Écosse
Taux de marge sur coût variable : $\frac{MCV}{CA}$	$\frac{23\,300}{32\,000} = 0{,}7281$ soit **72,81 %**	$\frac{20\,020}{27\,300} = 0{,}7333$ soit **73,33 %**
Taux de couverture des charges fixes communes : $\frac{MCS}{CFC}$	$\frac{9\,260}{18\,000} = 0{,}5144$ soit **51,44 %**	$\frac{7\,060}{18\,000} = 0{,}3922$ soit **39,22 %**

L'entreprise réussit à dégager une marge sur coût variable positive pour chacun des produits vendus. Cependant, **la marge sur coûts spécifiques n'est pas suffisante pour réaliser un bénéfice**.

Le fil d'Écosse représente $\frac{27\,300}{32\,000 + 27\,300} = 0{,}4603$, soit 46,03 % du chiffre d'affaires total, et contribue seulement pour 39,22 % à la couverture des charges fixes communes.

Pistes d'amélioration : réévaluer le prix de vente de la paire en fil d'Écosse en tenant compte de la contrainte de la concurrence ; réduire les coûts (approvisionnement/production/distribution) pour augmenter la marge sur coûts variables ou diminuer le montant des coûts fixes.

À retenir !

■ La méthode des coûts spécifiques permet de mesurer la contribution de chaque produit à la formation du bénéfice (ou de la perte).

Les transformations digitales

Les entreprises et les autres types d'organisations mettent à profit les **possibilités offertes par la digitalisation** afin d'accroître leurs performances. La dématérialisation des échanges et des documents est à la base de ces **transformations**. L'organisation fait évoluer son système d'information pour l'adapter à ces **évolutions**.

1 La digitalisation et ses impacts

■ Les transformations digitales concernent toutes les activités et tous les secteurs.

Activité	*Exemple*
La production de services	Le client d'une compagnie aérienne effectue l'enregistrement en ligne et télécharge sa carte d'embarquement sur son mobile.
La production de biens	Les albums photos créés en ligne sont automatiquement réalisés et expédiés aux clients.
Les processus internes	Les salariés ne remplissent plus de feuilles de présence. L'information est dématérialisée à partir de badgeuses.
Les tâches administratives	Les télédéclarations.

■ La dématérialisation des documents nécessite une adaptation du système d'information pour en permettre l'archivage et l'accès. On parle de gestion électronique des documents (GED).

Ex. : Une entreprise met à disposition de ses salariés un site sécurisé permettant de consulter leurs congés payés et leurs bulletins de paie.

■ Les transformations digitales permettent également d'automatiser les processus. L'automatisation des tâches fastidieuses et répétitives permet aux salariés de se concentrer sur des missions plus valorisantes.

Avantages pour l'organisation	Avantages pour le client/l'usager
Elle peut collecter les informations plus rapidement et facilement sur l'environnement, les clients, etc. afin d'**adapter son offre de biens et de services**.	Il peut bénéficier d'une **information immédiate en temps réel** sans avoir à se déplacer, principalement grâce à Internet et aux réseaux (intranet de l'organisation).

2 Le travail collaboratif

■ La dématérialisation permet de favoriser les interactions grâce à de nombreux systèmes, logiciels et plateformes.

Outil	*Exemples*
La **plateforme collaborative** est un outil en ligne qui regroupe de nombreuses fonctionnalités (visioconférence, agenda, espace de stockage, etc.).	Microsoft Teams
Le **progiciel de gestion intégrée** possède une base de données commune aux différents modules de gestion correspondant aux différentes fonctions de l'organisation.	Cegid business suite
L'**intranet** de l'organisation permet de mettre en commun les informations.	Réseau interne d'une organisation comportant un accès sécurisé à un espace commun
L'utilisation d'**agendas partagés** permet de coordonner le travail.	Google Agenda
Les **espaces de stockage partagés** sur Internet permettent de déposer et de mettre en commun divers types de documents ou fichiers sur le *cloud*.	Google Drive
Les **logiciels de gestion de projets** permettent de suivre l'avancée de différentes tâches pour chacun des membres d'un projet.	Slack, Teamwork, etc.
Les **logiciels de visioconférence** permettent d'organiser des réunions à distance.	Skype, Zoom, etc.

■ Ces outils facilitent les échanges professionnels au sein des organisations. Ils peuvent également être le support du **travail à distance** (→ Fiche 6).

Travail à distance

Il permet de réaliser des économies (déplacements, loyers, etc.). Néanmoins, la communication informelle qui a lieu au sein des organisations reste très importante pour ces dernières.

3 Les avantages procurés par la digitalisation

■ Des économies matérielles et financières : moins de papier et moins de dépenses grâce à la dématérialisation.

■ Une accélération des flux d'information et des capacités d'analyse accrues.

■ Une meilleure traçabilité et moins de risques d'erreurs : la saisie d'une même information n'a lieu qu'une seule fois.

À retenir !

■ La digitalisation a impacté toutes les activités de production et permet de réaliser des économies, cependant il faut prendre garde à ne pas déshumaniser à l'excès les relations sociales et le travail.

Les flux de travaux (*workflow*)

Fiche 36

Le flux de travaux est une **représentation**, sous la forme d'un flux, d'un **enchaînement d'opérations** à réaliser dans le cadre d'un **processus**, métier ou autre. Les opérations peuvent être manuelles ou informatisées.

1 La représentation du *workflow*

■ Un *workflow* est représenté sous la forme d'un diagramme de flux :

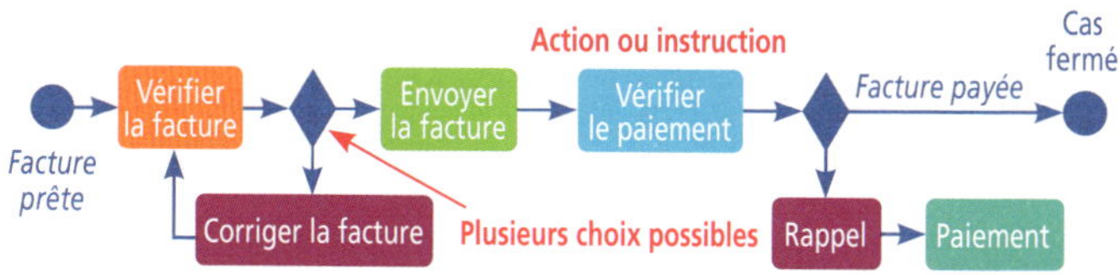

■ Il est également possible de représenter un *workflow* sous la forme d'un diagramme de flux circulant entre les différents acteurs :

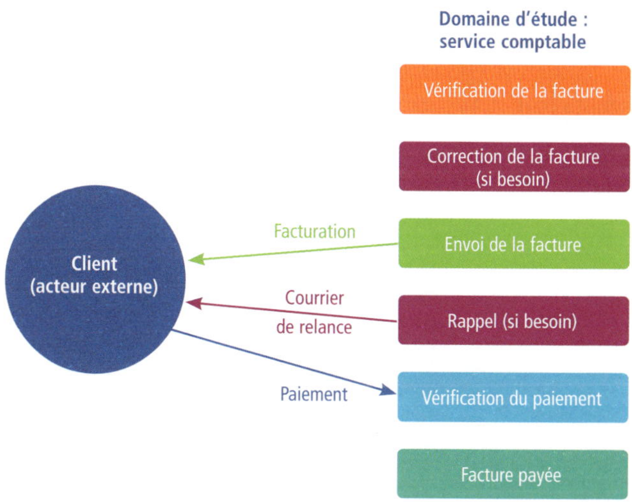

■ Dans le diagramme de flux circulant, le domaine d'étude délimite l'étude à une ou plusieurs activités précises au sein d'une organisation donnée. On distingue :
– les acteurs internes qui font partie du domaine d'étude ;
– les acteurs externes qui ne font pas partie du domaine mais qui ont des échanges avec les acteurs internes dans le cadre de l'activité étudiée.

2 Le rôle des logiciels

Les progiciels de gestion intégrés (PGI)	Les systèmes de gestion de *workflow*
Les progiciels de gestion intégrés gèrent les flux de travaux grâce à une base de données unique et des modules dédiés aux fonctions de l'entreprise.	Ce sont des logiciels spécialisés que l'on peut paramétrer en fonction des caractéristiques et des besoins spécifiques de l'entreprise.

Ex. : Le module commercial du PGI va transmettre au module comptable les factures dématérialisées et effectuer la mise à jour des comptes des clients.

3 Les types de flux de travaux

■ *Workflow* de production : il représente les étapes du processus de production.

■ *Workflow* administratif : il concerne la circulation des documents administratifs.

■ *Workflows ad hoc* et collaboratif : ils décrivent les modalités et procédures en matière de travail collaboratif.

Remarque
Les flux de travaux peuvent concerner des projets ponctuels ou des activités habituelles de l'organisation.

À retenir !

■ Le flux de travaux est un enchaînement d'étapes qui peut être géré par un logiciel spécialisé. La représentation de ces étapes s'effectue à l'aide d'un diagramme de flux.

L'informatique en nuage

Beaucoup d'entreprises ont recours à des **prestataires de services** pour abriter ou gérer leurs données sur des **serveurs distants**. L'**hébergement des données** sur Internet et l'utilisation des logiciels à distance permet d'économiser de nombreuses ressources.

1 Les caractéristiques de l'informatique en nuage (*cloud computing*)

- L'informatique en nuage consiste à utiliser des **serveurs à distance** (sur Internet) pour stocker, gérer des données ou utiliser des logiciels.
- On distingue le *cloud* privé du *cloud* public.

Serveur
Système informatique qui délivre des services tels que le stockage de données, l'utilisation d'applications par un ou plusieurs clients, etc.

Cloud privé	*Cloud* hybride	*Cloud* public
L'infrastructure (serveurs) est **dédiée à une seule organisation** qui bénéficie de son exclusivité.	Les données sont abritées sur un *cloud* privé et les logiciels sur un *cloud* public.	Les données ou logiciels sont abrités sur une **infrastructure commune** (serveurs) à plusieurs organisations. Les serveurs sont mutualisés.

Ex. : Une entreprise peut choisir de traiter ses données sensibles sur un *cloud* privé et choisir un *cloud* public pour le traitement des autres données.

- *Cloud* public ne signifie pas que les données sont accessibles au public. Les données sont sécurisées mais le serveur est partagé par plusieurs organisations.

2 Les entreprises de services numériques (ESN)

- Un prestataire de services est une personne (physique ou morale) qui vend un service à des clients.
- Les prestataires de services qui offrent des solutions d'hébergement aux clients professionnels ou particuliers sont des entreprises de services numériques (ESN).

Ex. : OVHcloud est une entreprise française qui propose de l'hébergement public et privé, de l'enregistrement de noms de domaine, de la fourniture d'accès à Internet, etc.

3 L'externalisation sur le *cloud*

■ Les prestataires (hébergeurs) proposent des solutions d'hébergement à des degrés divers :

IaaS (*Infrastructure as a Service*)	PaaS (*Platform as a Service*)	SaaS (*Software as a Service*)
• Le prestataire met à disposition une infrastructure (serveur à distance). • Le client déploie et gère lui-même le système d'exploitation, les logiciels et le stockage des données sur l'infrastructure.	• Le prestataire met à disposition une infrastructure, un système d'exploitation et un système de gestion de base de données. • Le client gère lui-même les logiciels et les données.	Le prestataire gère l'infrastructure, le système d'exploitation les logiciels et les applications ainsi que le stockage des données.

Ex. : Office 365 est une suite bureautique en ligne qui met à disposition des espaces de stockage et des modes de travail collaboratifs de type SaaS.

4 Avantages et risques de l'externalisation sur le *cloud*

Avantages	Risques
• La prise en charge des services par un spécialiste qui possède une expertise. • La capacité de configurer et maintenir à distance les matériels et logiciels. • La possibilité pour l'entreprise de se concentrer sur son métier.	• Un problème éventuel de continuité du service : le fournisseur de services peut cesser son activité ou ne pas être en capacité suffisante au regard de son nombre de clients. • Un problème de confidentialité (vols ou fuites de données) dans les centres de stockage des données (**ferme de données ou *data center***).

Remarque

L'impact écologique des fermes de données est important. Ces dernières contribuent au réchauffement climatique du fait de leur consommation énergétique élevée.

À retenir !

■ La présence de services sur le web rend possible, pour les organisations, une externalisation d'une part plus ou moins importante de leur activité et du traitement de leurs données.

Les objets connectés et l'intelligence artificielle

Fiche 38

Le **développement du *cloud*** et les possibilités accrues d'échanges de données avec des **serveurs à distance** ont favorisé l'émergence des objets connectés pour les particuliers mais également les entreprises.

1 Les objets connectés

A. Le principe

■ Un objet connecté a pour particularité d'être relié à Internet et de transmettre et recevoir des informations avec un serveur à distance.

> **Remarque**
> **IdO** : Internet des objets (***IoT*** *: Internet of Things*).

■ Les objets connectés sont présents dans tous les domaines : la domotique, la médecine et la santé, les loisirs et la vie sociale, le marketing, l'automobile, etc.

Ex. : Montre connectée, caméra connectée, enceinte connectée, etc.

■ Les entreprises peuvent collecter de nombreuses données partagées par les utilisateurs. Ces données sont ainsi susceptibles d'être analysées et, par la suite, de faire l'objet d'exploitations notamment commerciales, industrielles, voire militaires.

B. Les avantages et les limites pour les utilisateurs

Avantages	Limites
• L'apport de services supplémentaires. • La détection d'anomalies grâce à l'envoi d'alertes.	• La collecte d'informations sensibles. • Le non-respect du règlement général sur la protection des données (RGPD → **Fiche 65**).

Ex. : Les patchs de santé connectés mesurent la tension artérielle et transmettent les données à un logiciel d'analyse.

■ Les objets connectés permettent d'améliorer les processus de production grâce à l'échange de données. Ils sont source d'une productivité accrue et d'une plus grande sécurité au sein des unités de production.

> **Remarque**
> Beaucoup d'entreprises sont encore réticentes quant à l'utilisation d'objets connectés lors des processus de production par crainte du piratage.

Ex. : L'utilisation de lunettes connectées afin d'afficher les processus et les instructions lors d'opérations de production ou de maintenance.

2 L'intelligence artificielle (IA)

A. Le principe

■ L'intelligence artificielle regroupe l'ensemble des technologies capables de simuler l'intelligence et le raisonnement d'un être humain. Elle permet de rendre les objets connectés « intelligents » grâce aux capacités d'apprentissage des algorithmes informatiques qui traitent les données collectées.

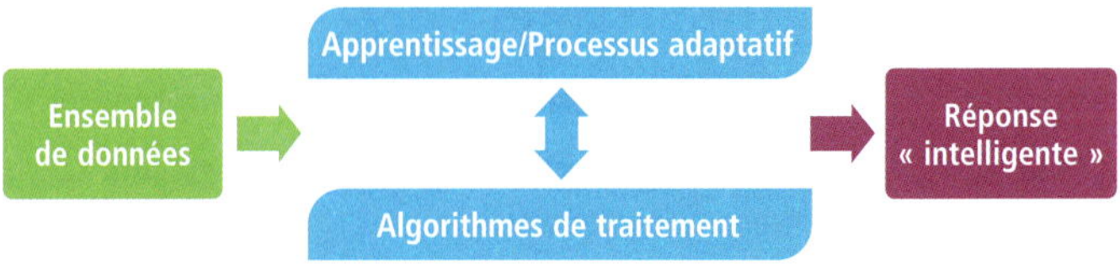

Ex. : Les véhicules autonomes, les robots qui assistent les chirurgiens, etc.

Principe appliqué à un véhicule autonome

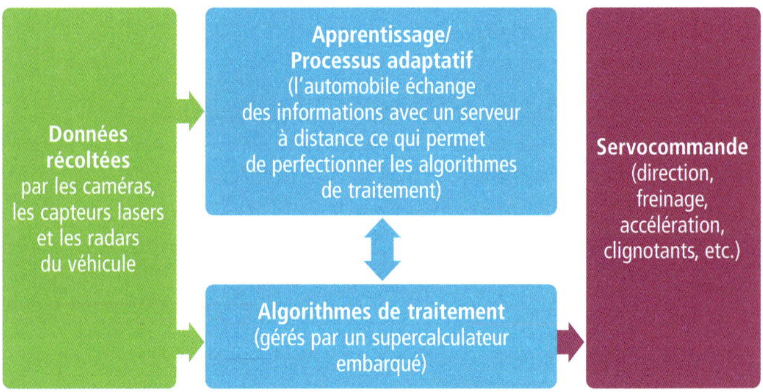

B. Les avantages et les limites de l'IA

Avantages	Limites
• Adaptation aux différentes situations. • Reproduction d'un raisonnement type. • Analyse d'images ou de scènes. • Réalisation d'actions.	• Face à des situations nouvelles, l'IA reste « muette ». • Vide juridique en cas de dommage • Un piratage peut devenir catastrophique.

À retenir !

■ Les objets connectés et l'intelligence artificielle sont en constant développement. Leurs champs d'application concernent les domaines de la vie quotidienne mais également les processus de production de biens et de services des organisations.

Les données ouvertes

Fiche 39

Les données ouvertes sont des **données laissées en libre accès** aux usagers ou aux clients par les administrations, les collectivités ou les entreprises.

1 Les principaux domaines concernés

■ La loi pour la république numérique de 2016 a créé le service public de la donnée qui centralise et met à disposition du public les données ouvertes sur son site.

Remarque

Ce sont les administrations et les collectivités territoriales qui sont le plus souvent à l'origine de la publication de leurs données.

2 Les caractéristiques des données ouvertes

■ Les données ouvertes présentent quatre caractéristiques :
- une disponibilité gratuite pour un usage privé ou commercial ;
- un format ouvert (accès gratuit avec de nombreux logiciels) ;
- une interopérabilité et portabilité (compatibilité avec tous les systèmes) ;
- un caractère réutilisable et modifiable.

■ Ces données sont qualifiées d'intérêt général. Elles ne doivent pas concerner la sécurité nationale ni les données à caractère personnel.

3 Les objectifs de la mise en place de ces données

Pour le public	Pour les entreprises	Pour le secteur public
• Accroître la transparence. • Développer la participation citoyenne.	Innover et développer de nouveaux services grâce à une meilleure connaissance des besoins.	• Améliorer le service rendu aux usagers. • Favoriser l'activité économique en stimulant l'innovation technique et sociale.

***Ex.* :** Handimap utilise les catalogues de données ouvertes des villes de Rennes ou Montpellier concernant la voirie et l'urbanisme pour proposer des itinéraires adaptés aux personnes à mobilité réduite.

4 Les données ouvertes et l'intelligence artificielle

■ Dans de nombreux domaines, les données ouvertes sont mises au service de l'intelligence artificielle dans le but de développer de nouveaux services.

***Ex.* :** L'opérateur Orange met à disposition des données anonymisées tirées de son réseau mobile afin d'encourager le développement et l'innovation.

■ L'analyse du trafic et des mouvements de population permet d'aboutir à l'élaboration de **modèles prédictifs** dans de nombreux domaines.

Modèle prédictif

Modèle d'analyse de données dont le but est de fournir une prédiction des comportements ou d'une situation.

***Ex.* :** L'analyse des mouvements de population peut aboutir, grâce à l'intelligence artificielle, à la création de plans d'urbanisme.

■ Les gouvernements et les collectivités territoriales mettent en place des portails de données ouvertes (portails *open data*) à destination des particuliers, des chercheurs et des entreprises. L'utilisation de ces données par les entreprises est un moteur d'innovation et de croissance très important.

■ Les pouvoir publics encouragent également les entreprises à partager leurs données car ils estiment que la mutualisation de l'information peut permettre des gains de productivité importants. Les entreprises se limitent pour l'instant, dans la majorité des cas, à la conclusion de partenariats interentreprises. En effet, il subsiste encore de fortes résistances : les entreprises sont peu enclines à partager leurs données avec de potentiels concurrents.

À retenir !

■ Les données ouvertes permettent d'améliorer les services publics. Elles sont également réutilisées par les entreprises pour développer de nouveaux biens et services.

L'organisation du travail

Fiche 40

L'**environnement fluctuant** dans lequel les organisations évoluent les oblige à être flexibles et réactives. En tenant compte de ce contexte et en fonction du mode de production qu'elles ont choisi pour atteindre leurs objectifs, les organisations doivent opter pour une **organisation du travail rigide ou souple**.

1 L'organisation du travail rigide

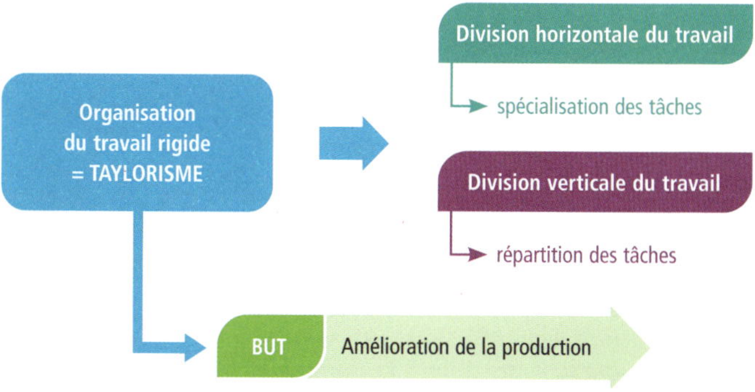

■ L'organisation du travail rigide se fonde sur l'organisation scientifique du travail (OST) et porte le nom de taylorisme. C'est l'ingénieur américain Frederick Taylor qui en a fixé les principes. Cette organisation est basée sur une division horizontale du travail et sur la spécialisation des tâches. Les ouvriers sont rémunérés au rendement.

■ Le taylorisme se fonde également sur une division verticale des tâches entre l'exécution et l'encadrement et sur une spécialisation accrue. Cela amène une répartition des tâches.

■ Le but est d'améliorer la productivité du travail ; pourtant, cette organisation présente de nombreux inconvénients. La spécialisation des tâches rend le travail répétitif, monotone et, donc, peu motivant. Cela peut entraîner une démotivation des salariés. Cette forme de travail empêche, par ailleurs, toute flexibilité car chaque salarié est très spécialisé sur son travail.

2 L'organisation du travail souple

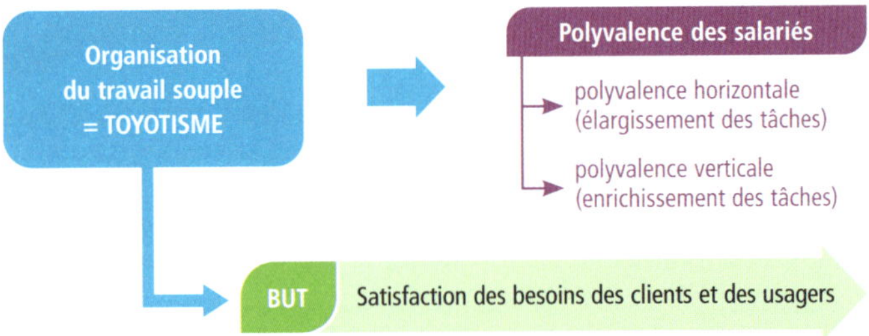

■ On introduit ici les notions de polyvalence horizontale (tâches diverses sans aucune augmentation des responsabilités) et polyvalence verticale (augmentation du degré de responsabilité dans les missions confiées).

■ L'organisation du travail souple prend le nom de toyotisme (en lien avec la firme automobile Toyota, qui est la première à l'avoir appliqué, et le concepteur de son système de production Taiichi Ōno) et est basée sur le principe de la polyvalence des ouvriers pour répondre le plus rapidement possible à la demande (fabrication en juste-à-temps). Cette polyvalence est alors nécessaire pour répondre à la demande des clients et donc intervenir sur d'autres postes en cas de besoin.

Remarque

L'organisation du travail souple prend son essence dans la polyvalence demandée aux salariés. Ces derniers réalisent des tâches diverses faisant appel à leurs différentes compétences.

■ Ce mode de production est ensuite repris dans le monde du travail dans le but de satisfaire les besoins des clients et usagers.

■ La polyvalence exigée par cette organisation du travail est importante et entraîne une flexibilité de la masse salariale. Les conséquences sur les salariés sont plutôt positives car ils se sentent valorisés et ne réalisent pas toujours les mêmes tâches.

■ Ces derniers doivent toutefois être très flexibles et s'adapter à des changements de postes, de méthodes de travail. Cela peut engendrer une perte de repères et de maîtrise des compétences et un stress plus important.

À retenir !

■ En fonction de leurs stratégies respectives, les organisations peuvent adopter une organisation souple ou rigide du travail. Chacune comporte des avantages et des inconvénients.

La cohérence des tâches

Dans un **souci de performance**, les organisations doivent gérer les activités de salariés dans la plus grande cohérence, que ce soit en termes de **répartition** et **coordination** des tâches.

1 La coordination des tâches

A. Définitions

■ La répartition des tâches ou division du travail retranscrit la manière dont le travail est partagé dans l'organisation, entre les différents services, puis entre les salariés dans un service.

■ La coordination des tâches définit la manière dont les tâches sont ordonnées au sein de l'organisation dans un but commun.

Remarque
Une coordination efficace sera gage de performance pour l'organisation.

■ Les organisations, au fur et à mesure de leur développement, doivent adapter leur mode de coordination.

B. Les modes de coordination

■ On peut distinguer quatre grands modes de coordination :

La coordination des tâches entre les individus par la communication informelle	Il s'agit du mode de coordination qui consiste en la communication directe entre les salariés.
La communication par un seul individu qui donne des ordres et contrôle le travail des autres	Un seul individu, le supérieur hiérarchique, donne des ordres à ses subordonnés sur leur lieu de travail et contrôle ensuite ce travail. Cela permet la réalisation d'un travail défini avec précision mais ne laisse pas la possibilité aux salariés de prendre des initiatives.
La coordination par l'automatisation des procédures	Ce mode de coordination consiste à confier un ensemble de tâches répétitives, voire difficiles et à faible valeur ajoutée, à des systèmes informatiques plutôt qu'à des ressources humaines.
La coordination par le biais de résultats, normes, procédures ou qualifications	Ce mode de coordination consiste à comparer le travail effectué à un standard défini en amont par rapport à un résultat (performance à atteindre), une norme ou une procédure (manière de travailler) ou encore une qualification (formation et compétences à détenir).

2 Le *lean management*

■ Un nouveau dispositif au service des modes de coordination du travail apparaît avec le *lean management*. Il s'agit pour l'organisation d'alléger les activités sans importance.

■ Le *lean management* peut baser son efficacité en adoptant les principes suivants :
– suppression des valeurs non ajoutées ;
– fabrication sans défaut ;
– application d'un processus bien défini pour avoir la certitude d'obtenir un résultat identique ;
– amélioration continue.

Remarque

Avec le *lean management*, on parle de « gestion allégée », « gestion au plus juste » ou encore « gestion sans gaspillage ».

Ex. : • **Pas de surproduction**. Si la commande est de 60 pièces, on produit 60 pièces et pas 80. Dans le cas contraire, cela va entraîner du stockage.

• **Pas de déplacement inutile**. On réduit tous les déplacements qui représentent une perte de temps, une dépense d'énergie, une fatigue humaine et une possible source d'erreur.

Les domaines impactés par le *lean management*

À retenir !

■ Les organisations définissent des modes de coordination en fonction de leur stratégie et de leur environnement.

■ Le *lean management* peut être appliqué quel que soit le mode de coordination adopté.

Le pouvoir de décision

Outre la coordination des tâches, il est nécessaire pour les organisations d'être cohérentes en termes de **gestion du pouvoir de décision**.

1 La délégation du pouvoir de décision

A. Définitions

■ Le pouvoir de décision est la capacité à prendre des décisions et à les faire respecter. Il détermine donc la manière dont est organisé le travail, dont sont coordonnées les tâches pour atteindre les objectifs fixés.

■ Déléguer le pouvoir de décision, c'est le fait de confier ce pouvoir à d'autres individus.

B. Les types de pouvoir

■ On oppose souvent le pouvoir centralisé et le pouvoir décentralisé.

Pouvoir centralisé	Le pouvoir est exercé par une ou quelques personnes.
Pouvoir décentralisé	Le pouvoir de décision est confié à plusieurs personnes de l'organisation faisant partie de la même ligne hiérarchique avec l'attribution de plus ou moins de responsabilités et d'autonomie dans des prises de décisions. Les décisions confiées sont généralement d'ordres opérationnels ou tactiques.

■ Plus l'organisation confie des responsabilités de décisions aux employés, plus le pouvoir de décision est décentralisé. On parle alors du degré de centralisation du pouvoir. La décentralisation nécessite tout de même un contrôle par le biais de ***reportings***.

Reporting

Le *reporting* (ou communication de données) consiste en la présentation de rapports sur les activités et les résultats d'une organisation. En règle générale, il est établi par des personnes internes à l'organisation.

2 Les configurations structurelles des organisations

A. Définition

■ L'expression « configurations structurelles des organisations » est la conjugaison du mode de coordination des tâches et du degré de décentralisation du pouvoir de direction dans l'organisation.

B. La représentation de la configuration d'une organisation

■ Les organigrammes sont les représentations graphiques formelles de la structure des organisations.

Exemple d'un organigramme

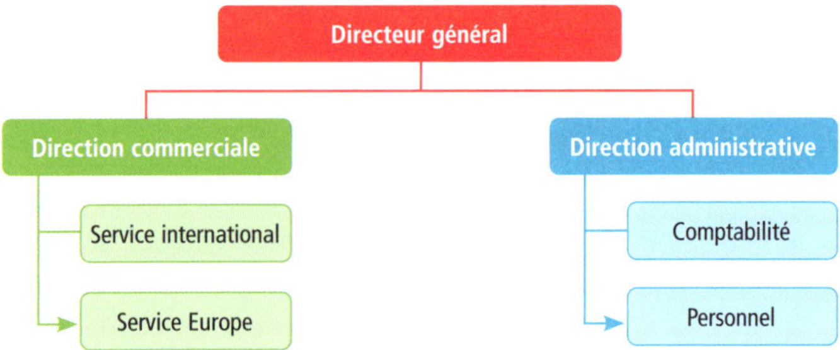

C. Les types de configuration

■ Cette configuration structurelle peut être souple ou rigide.

Type de configuration	Définition	Avantages	Inconvénients
Configuration structurelle souple	Mode de coordination des tâches réalisé par le biais d'échanges informels et un pouvoir de décision décentralisé.	• Autonomie des salariés dans leur travail. • Prises de décisions par les salariés. • Grande adaptabilité aux fluctuations de l'environnement.	Dans les grandes organisations, il y a une possibilité de confondre qui fait quoi.
Configuration structurelle rigide	Mode de coordination des tâches réalisé par un seul individu ou bien par les résultats, les procédures ou les qualifications ainsi que l'exercice d'un pouvoir de décision plutôt centralisé.	Répartition des tâches claire entre les salariés.	• Peu d'initiatives pour les salariés. • Risque de démotivation des salariés.

À retenir !

■ Selon leur stratégie, les organisations adoptent une gestion avec un pouvoir de direction centralisé ou décentralisé.

■ Très fréquemment, la configuration structurelle de l'organisation est transcrite schématiquement sous la forme d'organigrammes.

La gestion des différents acteurs de l'organisation

Fiche 43

Dans les organisations, divers acteurs évoluent et confrontent leurs **attentes** qui divergent ou convergent et peuvent alors faire émerger des **conflits**. La culture de l'organisation peut aider à les éviter en favorisant une bonne **cohésion de groupe**.

1 Les acteurs internes de l'organisation

A. Les différents acteurs internes

La diversité des acteurs selon les organisations

Dans les entreprises	• Le dirigeant ou l'équipe dirigeante • Les propriétaires du capital (associés) • Les salariés • Les représentants du personnel
Dans les organisations publiques	• Le dirigeant • Les membres de la direction • Les fonctionnaires
Dans les organisations de la société civile (*ex.* : association)	• Le dirigeant appelé « président » • Le secrétaire/le trésorier/les bénévoles • Les salariés • Les adhérents

B. Les attentes des différents acteurs internes

	Acteurs	Attentes
Dans les entreprises	• Le dirigeant ou l'équipe dirigeante. • Les propriétaires du capital (associés). • Les salariés. • Les représentants du personnel.	→ Rentabilité. → Bénéfices. → Rémunération à la hauteur de leur investissement. → Obtenir de bonnes conditions de travail pour les salariés.
Dans les organisations publiques	• Le dirigeant, qui peut être élu, ou bien titulaire d'un poste à la suite de la réussite d'un concours de la fonction publique. • Les membres de la direction. • Les fonctionnaires.	→ Gestion de l'organisation dont il a la responsabilité. → Mise en place de la stratégie décidée par le dirigeant. → Traitement perçu en contrepartie de leur travail.

Dans les organisations de la société civile *Exemple pour l'association*	• Le dirigeant appelé « président » (élu par l'assemblée générale). • Le secrétaire/le trésorier/ les bénévoles. • Les salariés. • Les adhérents.	→ Mise en œuvre des décisions prises collectivement lors des assemblées générales. → Aide au fonctionnement de l'association. → Rémunération perçue pour leur travail. → Activité ou service reçus en échange de leur cotisation.

■ Tous ces acteurs ont des attentes différentes qui peuvent parfois être divergentes (contradictoires).

Ex. : Entre les salariés (qui veulent une augmentation de salaires) et les actionnaires (qui souhaitent une augmentation de leurs dividendes).

■ Les attentes sont parfois convergentes, c'est le cas pour l'atteinte des objectifs financiers, par exemple, les retombées étant positives pour les salariés comme les dirigeants.

Remarque

Trouver un équilibre entre les attentes de tous les acteurs est un exercice difficile qui incombe au management de l'organisation.

2 La culture de l'organisation

■ La culture de l'organisation regroupe l'ensemble des valeurs, des connaissances et des comportements partagés par les différents acteurs qui évoluent en son sein.

■ En règle générale, elle a un impact positif sur la motivation du personnel.

■ La culture de l'organisation est transmise par les dirigeants et les responsables afin de véhiculer les valeurs qui vont permettre de créer un contexte favorable à l'implication et la motivation des équipes.

À retenir !

■ En fonction de l'organisation, les membres qui la constituent seront différents. Cependant, quel que soit le type d'organisation, un dirigeant encadre toujours l'équipe, en véhiculant des valeurs et une culture d'entreprise dans le but de fédérer les individus.

Les styles de direction et la dynamique de groupe

Fiche 44

Dans un souci de vivre ensemble au travail, les **styles de management**, le ***leadership*** et les **groupes d'individus** qui composent les organisations sont à prendre en compte.

1 Les styles de direction

■ Toutes les organisations fonctionnent avec des dirigeants qui ont plus ou moins d'influence sur leurs équipes en fonction de leur style de management.

A. Les différents styles de management

■ Il existe différents styles de management qui résultent de la combinaison de la personnalité des dirigeants et des composantes propres à l'organisation qu'ils conduisent.

Remarque
Le type de management doit être adapté à l'organisation et tenir compte du contexte.

Style	Explication
Le management autoritaire ou autocratique	• Les décisions sont prises par le dirigeant sans aucune concertation avec les salariés. • Le management repose donc sur le respect des consignes données en amont. • Les salariés sont dépourvus d'initiative, d'autonomie et de responsabilités.
Le management consultatif ou démocratique	• Le dirigeant consulte les salariés avant de décider. • La communication est donc ascendante et descendante.
Le management paternaliste ou bienveillant	• Les salariés se sentent protégés par le dirigeant comme des enfants avec des parents. • Cependant, ils doivent se soumettre aux décisions.
Le management participatif	La communication est transversale et permet aux salariés d'être entendus dans les prises de décisions.

B. Schéma des facteurs d'influence du style de direction

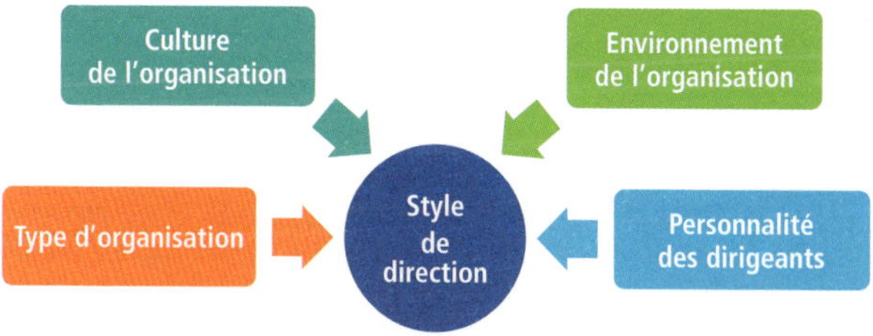

2 La dynamique de groupe

A. Le leader

■ Au sein d'un groupe, une personne va très souvent émerger pour devenir le leader, le chef de groupe, et porter le groupe dans ses actions.

■ On considère deux types de *leadership* :
– le leader de droit : l'autorité est de droit puisqu'instaurée par son statut hiérarchique ;
– le leader de fait : il s'agit d'une personne qui, en raison de ses caractéristiques personnelles, se détache du groupe et prend le dessus.

Remarque

La dynamique de groupe est la manière dont le groupe fonctionne, la façon dont il s'adapte aux différentes situations, dont il modifie sa structure.

B. Le groupe

■ Sous l'influence du groupe, les individus adaptent leur comportement :

Le conformisme	Le conformisme conduit l'individu à agir comme les autres, à se conformer à la position, aux normes du groupe, qui exerce une pression sur lui.
La minorité active	La minorité active est représentée par quelques membres (moins de la moitié d'un groupe) qui exposent ouvertement leurs divergences et proposent d'autres normes, d'autres positions cohérentes et parviennent à faire accepter leurs idées aux autres membres du groupe.

■ Les décisions de groupe peuvent être prises de différentes manières : le vote, l'accord ou l'arbitrage.

■ Le degré de cohésion du groupe a un impact sur la performance des salariés et le climat, l'ambiance de travail.

À retenir !

■ Le style de direction va influencer la vie de l'organisation et les interactions au sein des équipes. L'organisation doit donc veiller à adopter un style de direction adapté afin de garder une cohésion de groupe et de véhiculer une image positive à l'extérieur.

La coopération et les modes d'action coopératifs

Fiche 45

La coopération n'est pas innée dans une organisation. Elle est rendue nécessaire par les processus appliqués dans le cadre des **relations de travail** qui créent des **interdépendances**. Cette coopération peut être accompagnée par certains **modes d'action coopératifs**.

1 Les modes de coopération classiques

■ Certains modes d'action permettent de coopérer de manière à atteindre les performances et objectifs fixés par l'organisation.

A. Les réunions

■ La réunion est un lieu d'échanges qui permet le développement de la coopération. Elle permet aussi de faire émerger les idées.

■ Il existe plusieurs types de réunions : réunion d'information, de résolution de problème, de négociation.

■ Pour qu'une réunion soit efficace, il est nécessaire de bien la préparer en prenant soin de convoquer les différents participants, de réserver la salle, d'indiquer l'ordre du jour. La réunion doit ensuite être animée afin d'atteindre son objectif de réalisation (en évitant les débats inutiles ou hors sujet).

B. Les groupes de projets

■ Le groupe de projets est formé en réponse à un besoin temporaire et unique, puisqu'il permet de travailler et de coopérer dans un but fixé.

■ Pour que le groupe de projets soit performant, un leader de groupe doit émerger ou être désigné après que le contour du projet a été bien défini. La motivation des membres du groupe est également importante pour mener à bien le projet.

C. Les techniques de créativité

■ Ce sont l'ensemble des méthodes qui visent à stimuler la réflexion, la créativité des membres d'une organisation.

■ Ces outils, tels que le remue-méninges (*brainstorming*) ou la carte mentale (*mind map*), permettent de développer et d'encourager la coopération, de faire émerger de nouvelles idées.

Remarque

Pour que ces techniques soient favorables à l'émergence de nombreuses idées, il est nécessaire que ces opérations soient menées de manière détendue sans jugement de la part des participants.

2 Les nouveaux modes de coopération

- Les nouveaux dispositifs numériques englobent :
– les outils de communication (faire circuler l'information) ;
– les outils de production (partager un document ou une application) ;
– les outils de coordination (assurer un lien entre les différents acteurs de l'organisation).

Remarque
La coopération dans les organisations est facilitée par le déploiement d'Internet et des nouvelles technologies qui ont fait apparaître de nouveaux dispositifs numériques.

- On peut notamment citer :

Mode de coopération	Explications	*Exemples*
Les outils collaboratifs	Ils désignent l'ensemble des dispositifs qui permettent aux salariés de travailler de concert, à distance, sans avoir à se rencontrer.	Agenda partagé, messagerie instantanée interne, plateformes collaboratives.
Les réseaux sociaux d'entreprises	• Un réseau social d'entreprise désigne un groupe constitué de personnes physiques et morales réunies grâce à un logiciel de type réseau social au sein d'un organisme. • Utiliser un réseau social d'entreprise permet de travailler ensemble sur un même projet, à distance, et donc de collaborer. Ce dispositif peut également être utilisé par les partenaires de l'organisation.	Les plus répandus sont *Workplace by* Facebook, Yammer (Microsoft) ou interStis.
Les communautés de pratiques	Ces groupes de personnes partagent un domaine d'expertise afin de capitaliser des savoirs et des savoir-faire dans une optique de management des connaissances.	Forum, visio-conférence.

À retenir !

- Les modes d'action coopératifs, qu'ils soient classiques ou utilisent les nouveaux dispositifs numériques, sont à la disposition des organisations afin de les aider à progresser et à innover. Ce sont des outils au service de la performance des organisations.

La motivation

La motivation des membres de l'organisation permet d'**assurer sa performance**. Cette motivation dépend de **facteurs internes et externes** ainsi que des dispositions prises par l'organisation pour mobiliser les individus. La baisse ou l'absence de motivation s'appelle la **démotivation** et engendre des conséquences négatives pour l'organisation.

1 Motivation et démotivation

A. La motivation

■ La motivation peut être définie comme l'ensemble des éléments qui poussent un individu à agir et qui orientent son comportement dans le but d'atteindre un objectif. La motivation de chacun est différente et, surtout, elle évolue dans le temps.

Remarque
L'absence de motivation d'un individu dans une organisation crée des dysfonctionnements et peut avoir des répercussions négatives sur l'ensemble des salariés.

Schéma de la motivation du salarié

B. La démotivation

■ La démotivation se traduit par une baisse de motivation, d'entrain. Pour certains salariés, cela peut devenir une réelle souffrance.

■ La démotivation peut provenir de l'organisation (*ex. :* conditions de travail), de l'environnement de l'organisation (*ex. :* concurrence) ou du salarié lui-même (*ex. :* problèmes personnels). En fonction de la raison de la perte de motivation, l'organisation doit réagir et mettre en place des solutions pour remédier à ce problème.

Schéma de la démotivation du salarié

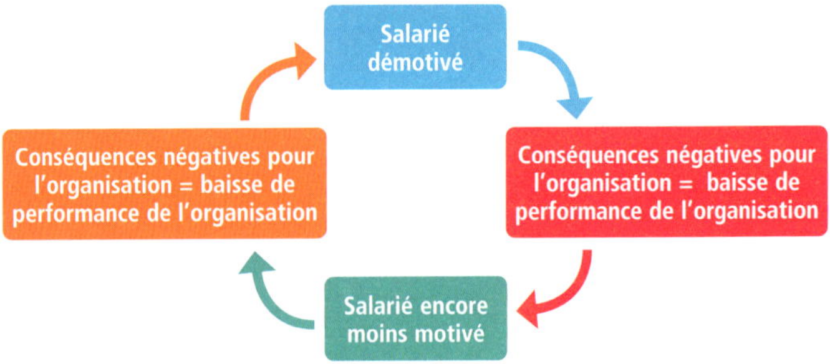

2 Les facteurs de la motivation

■ Les facteurs qui influencent la motivation peuvent être internes ou externes à l'individu :

Facteurs internes	Facteurs externes
• La personnalité du salarié. • La vie personnelle et familiale du salarié. • Les ambitions et les aspirations individuelles du salarié.	• Le contenu du travail. • Le niveau et degré de responsabilité. • Les perspectives et évolutions possibles. • La rémunération. • Les relations professionnelles et l'ambiance de travail. • La culture de l'organisation. • Les conditions de travail.

3 La qualité de vie au travail

■ La notion de qualité de vie au travail (ou QSE) correspond à un sentiment de bien-être au travail basé sur des éléments individuels et collectifs, qui regroupent la culture de l'organisation, l'intérêt au travail, les conditions de travail, etc.

■ Afin de garantir cette qualité de vie au travail à leurs salariés, les organisations ont le devoir de limiter les situations à risques et de mettre en place des actions de prévention.

■ La prise en compte des éléments qui permettent l'amélioration de la qualité de vie au travail influence la motivation des individus au travail.

À retenir !

■ La motivation des salariés est individuelle et dépend de différents facteurs.

■ L'organisation doit être vigilante car la motivation ou l'absence de motivation des salariés peut avoir des répercussions positives ou négatives sur ses performances.

■ La qualité de vie au travail fait partie des facteurs de motivation des salariés.

Le processus d'achat

L'**analyse du comportement du consommateur** est nécessaire afin de lui proposer une offre qui lui correspond. L'étude de l'ensemble des opérations qui précèdent l'achat est donc primordiale.

1 Comprendre le processus d'achat

A. Le processus d'achat en schéma

B. Explication des différentes phases du processus

phase ❶ La reconnaissance du besoin : c'est la prise de conscience de l'existence du besoin par le consommateur ou l'usager.

phase ❷ La recherche d'informations : il existe deux grands types de recherches d'informations :

Recherche interne	Lorsque le consommateur fait appel à sa mémoire, à ses expériences passées.
Recherche externe	Lorsque le consommateur recherche volontairement des informations sur un produit et/ou une marque.

phase ❸ L'évaluation des solutions possibles : le consommateur établit de manière consciente ou non des critères de sélection en fonction de ses attentes et besoins. Puis il les compare pour effectuer son choix.

phase 4 La décision d'achat : le consommateur décide de réaliser concrètement son achat.

phase 5 L'évaluation post-achat : le niveau de satisfaction du consommateur va influencer considérablement son comportement futur (fidélisation au produit ou à la marque ou, au contraire, rejet).

2 Les variations du processus d'achat

A. Le type d'achat

■ Le processus de décision varie selon le type d'achat. On peut différencier :
– les achats routiniers : ils reposent sur les habitudes plus que sur la réflexion (*ex. :* acheter une baguette de pain ou prendre un café au petit déjeuner) ;
– les achats réfléchis ou raisonnés : le processus décisionnel passe par toutes les étapes du processus d'achat. À noter que la phase de recherche d'informations est souvent très développée (*ex. :* acheter une voiture ou un bien immobilier) ;
– les achats impulsifs : le processus est simplifié, le consommateur éprouve soudain un besoin pressant et non planifié (*ex. :* friandises accessibles devant les caisses des grandes surfaces).

B. Les autres éléments influençant le processus d'achat

■ À chaque phase du processus d'achat, le consommateur subit des influences conscientes ou non.

Ex. : Le risque perçu influence la durée de la phase de recherche d'informations. Plus le risque encouru est grand plus la recherche sera poussée.

■ Lors de la décision d'achat, certains éléments imprévus peuvent influencer le consommateur comme les modalités de paiement, les **facteurs situationnels**, etc.

Facteurs situationnels
Ce sont l'ensemble des éléments liés au lieu, au moment et à l'état d'esprit de l'individu.

Ex. : Les achats par Internet sont facilités par un environnement familier et rassurant dans lequel se trouve le consommateur. De plus, ce dernier est souvent plus détendu car il choisit son moment de consommation.

À retenir !

■ Le processus d'achat met en évidence l'ensemble des phases qui constituent l'acte d'achat. Celui-ci est plus ou moins long selon le type d'achat et le contexte de consommation.

Le consommateur : besoins et attitudes

Afin de répondre à leurs finalités, les organisations devront analyser précisément les **facteurs explicatifs du comportement** des consommateurs et des usagers, notamment les besoins et les attitudes.

1 Consommateurs et usagers : quelles différences ?

	Caractéristiques	L'organisation analyse son comportement pour
Consommateur	Individu qui, pour assouvir ses besoins, utilise un bien ou un service proposé par une entreprise privée en contrepartie de l'acquittement d'un prix.	…adapter au mieux son offre, dans un but lucratif.
Usager	Individu qui utilise un service public soit à titre gratuit, soit avec une participation financière n'excédant pas le coût de revient du service utilisé.	…le satisfaire au mieux.

2 Les besoins

A. La hiérarchisation de Maslow

■ Le besoin est un sentiment de manque qui pousse le consommateur à agir. La classification la plus utilisée est la hiérarchisation des besoins selon Abraham Maslow.

La pyramide de Maslow

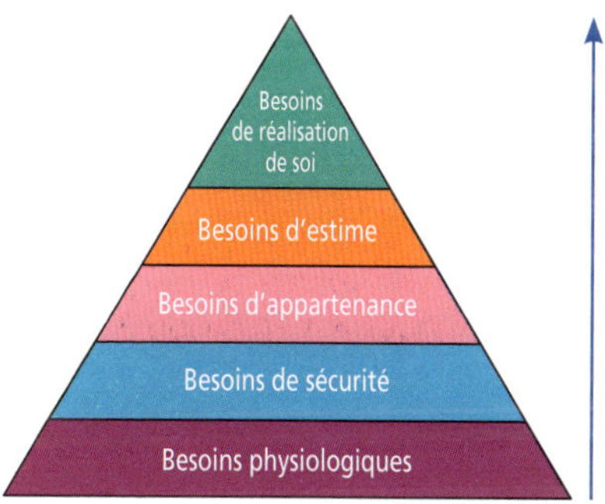

Besoins de réalisation de soi : correspond au besoin de s'épanouir et de se dépasser.
Besoins d'estime : besoin qu'a chaque individu d'être reconnu et apprécié par les autres.
Besoins d'appartenance : correspond au besoin d'évoluer dans un groupe.
Besoins de sécurité : relève d'un besoin de se protéger contre les risques de la vie.
Besoins physiologiques : besoins primaires ou vitaux (*ex. :* manger, boire, se loger).

B. Les limites de la hiérarchisation des besoins

■ La forme pyramidale indique une hiérarchie des besoins : tant qu'un besoin d'une strate n'est pas satisfait le besoin du niveau supérieur n'existe pas encore.

Ex. : Il paraît inconcevable pour un sans domicile fixe de vouloir souscrire une assurance habitation.

■ La pyramide de Maslow a fait l'objet de nombreuses critiques. En effet, elle varie en fonction des sociétés et des cultures étudiées. De plus, elle sous-tend le fait que lorsque l'on est pauvre on ne sera jamais heureux puisque si un besoin appartenant à un niveau inférieur n'est pas satisfait les autres n'apparaissent pas.

Ex. : Dans notre société, posséder un smartphone ou un ordinateur peut se faire au détriment d'une alimentation variée et équilibrée.

C. Une autre classification des besoins

■ Besoins primaires : correspondent aux besoins physiologiques, il est impossible de s'en passer.

Ex. : Boire, manger, dormir, etc.

Remarque
Dans cette classification, les besoins ne sont pas hiérarchisés.

■ Besoins secondaires : correspondent à un besoin social. L'individu a besoin d'être intégré dans la société dans laquelle il évolue.

Ex. : Besoin d'avoir un groupe d'ami(e)s.

■ Besoins tertiaires : correspondent aux besoins liés à l'individu lui-même ; ce sont des besoins personnels relatifs à son bien-être.

3 Les attitudes

■ L'attitude correspond aux tendances d'un individu à réagir d'une certaine manière face à un produit marchand ou non marchand.

■ Les composantes de l'attitude sont :
– cognitives : ce sont les éléments liés à la connaissance d'une marque ou d'un produit ;

Ex. : Le fait de connaître les engagements environnementaux d'une marque peut influer sur le comportement d'achat des consommateurs.

– affectives : ce sont les éléments liés aux sentiments, le fait d'apprécier ou pas une marque ou un produit ;

Ex. : Certaines marques de sodas engendrent une attitude positive tout simplement car les consommateurs apprécient la marque.

– conatives : ce sont les éléments qui poussent l'individu à agir.

Ex. : Une bonne odeur de pain au chocolat pousse l'individu à l'achat.

À retenir !

■ De nombreux facteurs peuvent influencer le comportement des consommateurs et usagers. Parmi eux, on retrouve les besoins qui ont été hiérarchisés par Maslow ainsi que l'attitude et ses composantes.

Le consommateur : motivations et freins

Afin de répondre à leurs finalités, les organisations devront analyser précisément les **facteurs explicatifs du comportement** des consommateurs, notamment les motivations et les freins.

1 Les motivations

A. Les caractéristiques

■ La motivation est une émotion positive qui pousse le consommateur à agir. Les organisations mettent en place des moyens pour connaître précisément celles de leurs cibles. L'objectif est de les maximiser afin de vendre et donner une image positive de l'offre.

B. La classification des motivations

■ Selon Henri Joannis (publicitaire reconnu et professeur de marketing), il existe trois types de motivations qui vont pousser le consommateur à l'acte d'achat :

Motivations hédonistes	L'individu attend un plaisir de l'acte de consommation.	***Ex.*** **:** En été, le plaisir de manger une glace sur la plage.
Motivations oblatives	L'individu achète un produit dont il ne sera pas l'utilisateur, qui est destiné à quelqu'un d'autre dans le but de faire plaisir.	***Ex.*** **:** Des grands-parents qui achètent un jeu vidéo pour leurs petits-enfants.
Motivations d'auto-expression	L'acte de consommation a pour but d'acquérir un produit qui permettra d'obtenir la reconnaissance des autres. L'acte de consommation passe par le paraître.	***Ex.*** **:** L'envie d'acheter un vêtement de marque pour montrer son appartenance à une certaine classe sociale.

2 Les freins

A. La classification des freins

■ Le frein est une pulsion négative qui empêche le consommateur d'agir. Il existe différents freins qu'il est nécessaire d'étudier afin d'en minimiser l'impact sur l'acte d'achat :

– les inhibitions sont une pulsion inconsciente et importante de nature culturelle, religieuse ou psychologique, qui freine l'acte d'achat ou de consommation d'un produit ;

– les risques sont l'ensemble des incertitudes liées à l'achat d'un produit ou d'une marque. On distingue différents risques :

Risques financiers	Le produit est trop cher par rapport au budget prévu.	*Ex.* : Certaines consoles de jeux vidéo sont vendues à un prix élevé lors de leur lancement.
Risques temporels	Le produit peut devenir rapidement obsolète et démodé.	*Ex.* : Les gadgets qui ont une durée de vie éphémère.
Risques physiques	Le produit peut comporter des dangers relatifs à la santé ou à l'intégrité physique.	*Ex.* : Sur le marché des jouets, les acheteurs font de plus en plus attention à la composition des produits.
Risques physiologiques ou sociaux	L'achat d'un produit ou d'une marque comportera le risque d'être rejeté socialement.	*Ex.* : Le risque pris par un individu exerçant une profession dotée d'une image de rigueur (notaire, banquier) et qui décide de faire un tatouage sur une partie visible de son corps.

– les peurs sont les inquiétudes plus ou moins fortes ressenties vis-à-vis d'un produit ou d'une marque.

Remarque

Les risques et les peurs sont liés. Un risque ressenti engendre très souvent une peur.

B. Les conséquences des freins sur le comportement du consommateur

■ Les consommateurs prendront la décision d'acheter ou d'utiliser un produit uniquement si les motivations sont supérieures aux freins.

■ Si les freins sont trop importants le consommateur annulera son achat ou le reportera (*ex.* : si le frein est lié au prix, le consommateur attendra des soldes ou des promotions pour concrétiser son achat).

■ L'objectif de toute action commerciale est de combattre les freins et d'exploiter les motivations pour accroître les ventes. Certains facteurs influencent le risque perçu par le consommateur :
– les prescripteurs : en prescrivant un produit ils réduisent le frein lié au risque perçu et augmentent la motivation d'achat ;
– la marque : elle a un impact sur la perception du risque. Une marque connue rassurera le consommateur sur la qualité et la fiabilité d'un produit ;
– les labels : signes garantissant au consommateur les qualités d'un produit.

À retenir !

■ Les motivations et les freins influencent le comportement du consommateur. Les premières le poussent à agir alors que les seconds empêchent l'acte d'achat. Le marketing a pour objectif de pousser les motivations et de lever les freins.

La digitalisation de la relation client

Fiche 50

Les relations avec les consommateurs ont été profondément modifiées avec l'introduction des **techniques digitales**. Les entreprises doivent utiliser tous les canaux d'interaction disponibles afin de **rester compétitives**.

1 Le comportement du consommateur

A. Le parcours client

■ Le parcours client correspond au parcours d'achat qui débute lors de l'expression du besoin et s'achève le plus souvent lors de l'émission d'un avis.

Enrichissement du parcours client	Diversification des canaux de distribution
• Simplification et facilitation du parcours. • Expérience plus satisfaisante.	Développement du **commerce omnicanal**.

Commerce omnicanal
Complémentarité et interactivité entre les différents canaux de distribution physiques et virtuels d'une même enseigne.

Ex. : Avec le « *Click and collect* », le client achète en ligne et récupère le produit en magasin dans l'heure qui suit.

B. L'analyse des données

■ Les techniques de forage des données (*data mining*) permettent de construire des modèles capables de prédire le comportement des consommateurs.

Ex. : L'analyse des données provenant des tickets de caisse dans la grande distribution permet de déterminer des profils de consommateurs et d'adapter en conséquence l'offre, le marchandisage des magasins et les promotions.

2 La coproduction de services et de produits

A. L'adaptation de l'offre

■ La digitalisation permet d'associer le client à la production ou à la création de services et de produits et ainsi de définir une offre plus adaptée.

Ex. : La marque danoise Lego met à disposition du public la plateforme Lego ideas qui permet de créer de nouveaux prototypes.

B. La personnalisation de l'offre

■ L'analyse des informations en provenance du client peut aboutir à une personnalisation plus ou moins poussée de l'offre.

Ex. : Dans ses points de vente, Sephora met à la disposition des clients des bornes, des tablettes et des miroirs connectés. Ce « *Beauty Hub* » permet de se créer un look virtuel et de bénéficier de conseils de beauté et de soins adaptés.

3 La gestion de la relation client

A. Le renforcement du pouvoir des consommateurs (*consumer empowerment*)

■ Les consommateurs disposent d'un pouvoir accru sur les entreprises grâce aux forums et aux communautés d'utilisateurs, aux avis laissés sur les moteurs de recherche et autres sites de référencement, aux réseaux sociaux, etc.

Ex. : Les applications mobiles telles que Yuka permettent de scanner les produits alimentaires se trouvant en rayon afin de les sélectionner en fonction de divers critères liés à l'impact qu'ils ont sur la santé.

■ Les entreprises cherchent à développer des réseaux d'**influenceurs** qui deviennent prescripteurs de la marque.

Ex. : Les parcs de loisirs invitent régulièrement des influenceurs à tester leurs nouvelles attractions. Ils ont intégré ces relais d'opinion dans leur stratégie de communication.

Influenceur
Personne qui est un relais d'opinion capable d'orienter les habitudes de consommation.

B. La relation avec la clientèle

■ Les *chatbots* (ou agents conversationnels) permettent d'automatiser la relation avec la clientèle. Cependant, les organisations doivent maintenir un lien humain afin d'offrir des solutions dans des situations imprévues qui perturbent les processus préétablis.

■ Le suivi de la relation client peut être facilité par le système d'information partagé entre les différents acteurs.

■ La gestion de la relation client (GRC) a pour but de fidéliser les clients et de leur proposer de nouveaux biens ou services. L'efficacité de la GRC dépend de la capacité de l'entreprise à utiliser de façon pertinente les canaux de communications disponibles (site Internet, téléphone, réseaux sociaux, etc.).

Ex. : Les groupes hôteliers procèdent à une analyse poussée de leurs fichiers clients afin d'optimiser leur offre. Les logiciels de GRC permettent de dégager les profils qui pourront bénéficier d'offres ciblées en rapport avec leurs besoins et leurs centres d'intérêt.

À retenir !

■ Les entreprises interagissent avec leurs clients grâce aux diverses modalités de communication qu'offre le web. Les objets connectés et les outils digitaux permettent en outre d'enrichir le parcours client et d'améliorer l'offre.

Les traces numériques

Les traces numériques désignent les **informations qu'un dispositif numérique** (ordinateur, smartphone, serveur distant, etc.) **enregistre** sur l'activité ou l'identité de ses utilisateurs.

1 Les types de traces numériques

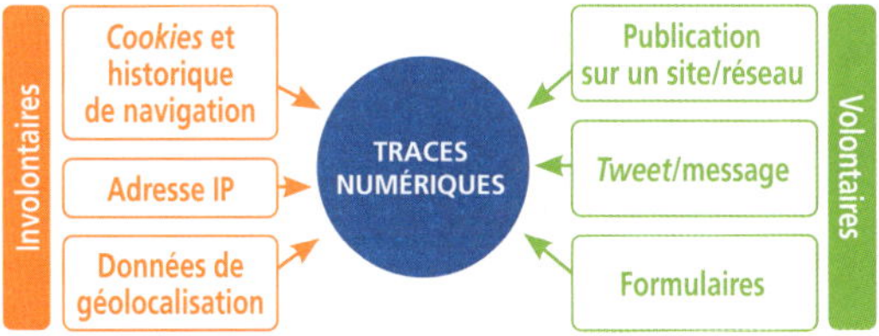

■ Cookies (traceurs) : fichiers déposés par le navigateur sur l'ordinateur.

■ Adresse IP : adresse Internet attribuée à l'ordinateur par le fournisseur d'accès. Chaque abonné dispose d'une adresse IP publique attribuée par son opérateur.

Ex. : Le compte Google conserve l'historique des positions enregistrées par le smartphone.

Remarque

En application de la directive européenne dite « Paquet télécom », les internautes doivent être informés et donner leur consentement préalable à l'insertion de traceurs sur leur équipement informatique.

2 L'identité numérique de l'individu

■ L'identité numérique regroupe l'ensemble des contributions et traces numériques laissées sur Internet. Elle permet de construire une e-réputation, c'est-à-dire l'image et les représentations mentales de l'individu qui sont véhiculées sur Internet.

■ L'ensemble des traces numériques laissées sur Internet contribue à construire l'identité numérique.

■ Le concept d'identité numérique n'est pas encore clairement défini par le droit.

Ex. : L'utilisateur d'un compte sur les réseaux sociaux est responsable de l'image qu'il véhicule par son avatar, son pseudo, ses avis, etc. Les employeurs effectuent fréquemment des recherches sur Internet lors d'opérations de recrutement.

3 Les organisations et les réseaux sociaux

■ Les organisations sont présentes sur les réseaux sociaux afin de promouvoir leur image, leurs activités ou leurs produits. Mais cette présence doit faire l'objet d'une surveillance constante car les traces numériques concernent également les organisations.

■ En effet, les réseaux sociaux sont devenus un outil de communication incontournable mais peuvent se retourner contre les marques en cas de *bad buzz*. Les modérateurs et *social media managers* ont donc pour mission de surveiller et d'encadrer les propos qui y sont véhiculés afin de conserver le contrôle de l'image de marque (→ Fiche 55).

Ex. : En 2018, la marque H&M a connu un phénomène de *bad buzz* sur les réseaux sociaux (plus de 2 millions de tweets négatifs) suite à la publication d'une photographie sur laquelle un petit garçon à peau noire portait un tee-shirt où était inscrit « *coolest monkey in the jungle* » (le singe le plus cool de la jungle). L'entreprise a dû s'excuser publiquement pour répondre à la vague d'indignation soulevée sur les réseaux sociaux.

4 Les risques et protections contre les traces numériques

Risques	Protections
• Usurpation d'identité. • Utilisation de données personnelles dans un but commercial. • E-réputation potentiellement négative. • Piratage des comptes personnels.	• Utiliser des pseudonymes. • Naviguer en mode privé • Vider l'historique de navigation. • Ne pas ouvrir de message suspect/ ne pas cliquer sur n'importe quel lien. • Modifier son mot de passe régulièrement. • Gérer ses paramètres de confidentialité. • Désactiver la géolocalisation.

■ Il peut être très difficile d'effacer du web certaines traces numériques telles que les publications (photos, messages, vidéos, etc.). Le web et les réseaux sociaux sont des espaces « viraux » dans lesquels les données circulent très rapidement sans possibilité de contrôle. Certaines sociétés commerciales sont spécialisées dans l'effacement des données laissées sur le web.

À retenir !

■ La navigation sur le web et l'utilisation des réseaux sociaux participent à la construction d'une identité et d'une réputation numériques. Les traces numériques, volontairement ou non laissées sur ces espaces, sont parfois difficiles à effacer. L'utilisateur de ces outils doit demeurer vigilant et adopter un comportement adapté pour se protéger.

L'administration électronique

Fiche 52

La **modernisation de l'action publique** et une **exigence d'accessibilité accrue** poussent les administrations à utiliser les technologies de l'information et de la communication afin de proposer des **services à distance.**

1 Qu'est-ce que l'administration électronique ?

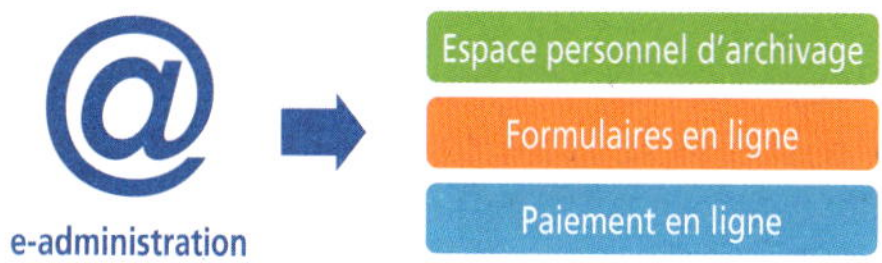

■ Les usagers peuvent ainsi bénéficier d'un accès facilité et rapide à tous les documents administratifs.

Remarque

La liberté d'accès aux documents administratifs est garantie par une loi de 1978.

■ service-public.fr est le portail unique d'accès aux différentes administrations. Il permet à l'usager de disposer d'un espace personnel.

Service-Public.fr
Le site officiel de l'administration française

2 La qualité de service

Ouverture 24 h/24 et 7 j/7	Les sites des administrations publiques sont disponibles en continu.
Efficacité	Les formulaires de saisie en ligne contiennent des modules d'aide. Ils peuvent de surcroît être corrigés en cas d'erreur. Leur transmission est automatique.
Accessibilité	Les services sont accessibles à distance. La loi pour une république numérique oblige les administrations à rendre leurs sites accessibles à tous, y compris aux personnes atteintes d'un handicap.
Économies de ressources	La dématérialisation des formulaires de saisie et des documents archivés permet d'économiser le papier.
Lutte contre la fraude	Les administrations reconnaissent le certificat électronique comme un moyen permettant de s'authentifier en ligne. De plus, elles mettent en place l'authentification numérique des documents.

Ex. : La plateforme gouvernementale diplôme.gouv.fr propose au public de rechercher en ligne son attestation de réussite ou son diplôme et ensuite de récupérer une clé de contrôle qui pourra être insérée dans un CV pour permettre aux recruteurs de vérifier l'authenticité du diplôme.

France Connect

■ France Connect est une solution proposée par l'État afin de sécuriser et simplifier la connexion aux services administratifs en ligne.

■ La dématérialisation des services publics s'accompagne parallèlement d'une simplification des démarches administratives. Depuis 2016, les administrations doivent transmettre les demandes mal dirigées aux services compétents sans que l'usager n'ait à réitérer sa demande.

Remarque

La simplification administrative concerne les entreprises et les particuliers. En 2013, le gouvernement français a annoncé le déclenchement d'un « choc de simplification ».

3 Une réponse partielle à la désertification des services publics

■ L'évolution démographique de certains territoires et la rationalisation de l'offre de services publics poussent les administrations à fermer leurs guichets dans les zones peu densément peuplées.

■ L'administration numérique apporte donc une réponse partielle à l'absence de guichets physiques. Cependant, l'État et les collectivités territoriales (notamment les communes), conscients de l'importance du lien physique pour certaines opérations, commencent à mettre en place des maisons de services au public fonctionnant sous la forme de guichets uniques rassemblant différents services (impôts, CAF, etc.) dans les zones rurales afin de préserver l'égalité d'accès aux services publics.

À retenir !

■ L'administration électronique consiste en une dématérialisation et une simplification des procédures et démarches administratives grâce aux outils digitaux. Il s'agit de garantir une accessibilité et une disponibilité accrues avec un niveau de sécurité maximal. Les pouvoirs publics tiennent cependant au maintien de guichets physiques afin de préserver le lien social.

La communication au sein des organisations

La communication a une double dimension, informationnelle et fonctionnelle. Elle a pour but de **construire une image positive** de l'organisation et de **susciter l'adhésion du personnel** à ses objectifs.

1 La communication dans les organisations

A. Les objectifs

■ Pour mettre en place une stratégie de communication, il est nécessaire de fixer des objectifs précis. Il existe trois types d'objectifs :

– cognitif (faire connaître) : communication qui vise à informer sur l'existence d'un nouveau produit (bien ou service) ou d'une nouvelle organisation ;

Ex. : À chaque nouveau modèle d'Iphone, une vaste campagne met en avant les dernières innovations technologiques.

– affectif (faire aimer) : communication qui ambitionne de modifier ou renforcer l'image d'un produit, d'une marque ou d'une organisation ;

Ex. : Les campagnes de Nike, en mettant en avant l'émotion et l'inspiration, ont su créer un lien fort avec leur public, faisant du sport bien plus qu'une simple activité physique.

– conatif (faire agir) : communication qui a pour but d'inciter le consommateur à l'achat ou l'individu à agir.

Ex. : L'application Uber Eats propose des codes de réduction, des offres spéciales et des partenariats avec des restaurants pour inciter les utilisateurs à commander.

■ Les objectifs donnent l'orientation du projet de la communication, c'est-à-dire les principaux enjeux auxquels devront répondre les solutions de communication qui seront proposées.

> **Remarque**
> Les objectifs correspondent aux composantes de l'attitude que la communication souhaite faire évoluer.

B. Les cibles de la communication

■ La cible correspond au destinataire de la communication mise en place, à celui auquel elle s'adresse. On peut différencier :

– des cibles internes à l'organisation : elles correspondent aux parties prenantes internes telles que les salariés, les actionnaires, les fonctionnaires ou encore les bénévoles ;

– des cibles externes à l'organisation : elles correspondent aux parties prenantes externes (clients ou clients potentiels, usagers, journalistes, leaders d'opinion, prescripteurs, fournisseurs, banques, associations ou collectivités territoriales).

■ La cible doit être clairement définie au préalable de toute action de communication pour s'assurer d'une communication efficace, c'est-à-dire d'une communication qui permettra l'atteinte des objectifs.

2 Les formes et stratégies de communication

A. Les formes de communication en schéma

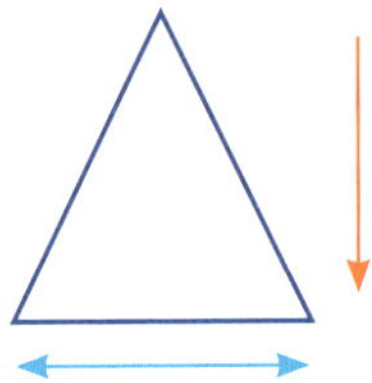

B. Les stratégies de communication

■ En fonction de la cible sélectionnée, l'organisation aura le choix entre deux stratégies :

– la stratégie *push* : elle repose sur le principe de passer par des intermédiaires pour toucher la cible finale, qui viendra ensuite elle-même trouver plus d'informations auprès de l'organisation. Les actions porteront donc sur les cibles intermédiaires ;

Ex. : La marque Benefit a choisi de communiquer *via* l'infuenceuse beauté *Enjoy Phoenix* suivie par 4,6 millions d'instagrameurs afin d'atteindre sa cible (les jeunes).

– la stratégie *pull* : elle consiste à pousser le produit vers le consommateur et à viser directement la cible finale. L'ensemble des actions qui seront mises en place auront pour cible les consommateurs (pour les entreprises), les usagers (pour les organisations publiques) ainsi que les donateurs et futurs adhérents (pour les associations et ONG).

Ex. : L'ONG Greenpeace privilégie le contact direct (présence de bénévoles dans de nombreuses manifestations, envoi de mails, publication régulière d'enquêtes, etc.) afin de sensibiliser les individus à l'urgence écologique en autres.

À retenir !

■ Les organisations doivent mettre en place des stratégies de communication cohérentes avec leurs stratégies globales. Cela passe par la fixation d'objectifs de communication, de définition de la cible et des moyens mis en œuvre.

La communication globale et intégrée

Fiche 54

La communication doit créer ou maintenir une **relation positive avec sa cible** afin de l'influencer. Elle peut porter sur une entreprise, une marque ou un produit.

1 La communication globale

A. Définition

■ La communication globale est une approche globale des actions de communication interne et de communication externe. Elle permet ainsi d'harmoniser l'intégralité des actions de l'organisation et de rendre cohérent la totalité de ses messages.

■ L'ensemble des actions de communication est réuni dans un plan de communication. Il permet de récapituler les objectifs fixés, les cibles, les messages et les moyens de communication utilisés. Afin de pouvoir réaliser ce programme, un budget sera préalablement défini et des contrôles exercés à chaque étape afin de vérifier l'efficacité des actions.

B. La communication interne

■ La communication interne vise le développement de la participation et de l'adhésion du personnel et des membres internes aux objectifs de l'organisation.

■ L'organisation dispose de nombreux outils pour faciliter la circulation de l'information et développer un sentiment d'appartenance. Elle peut alors mettre en place :

– une newsletter : elle permet de transmettre les informations importantes de manière régulière (fréquence hebdomadaire, bimensuelle, mensuelle, etc.). Elle est facile à développer et peu coûteuse ;

– un intranet : outil adapté pour centraliser les informations et applications utiles aux salariés dans un réseau informatique interne. Son installation engendre un coût élevé ;

– des panneaux d'affichage : ils permettent de placer sur des affiches des informations importantes, dans des endroits stratégiques qui seront vus de nombreuses fois par les salariés ;

– un journal d'entreprise ;

– etc.

C. La communication externe

■ Elle vise à renforcer l'**image de l'organisation** et doit s'adapter à des publics spécifiques.

■ Il est possible de différencier :

– la communication institutionnelle qui est destinée à promouvoir l'organisation dans son ensemble. Sa finalité est de véhiculer une image positive ;

Image
Elle correspond à la manière dont est perçue le produit, la marque ou l'organisation dans l'esprit du consommateur ou de l'usager.

Ex. : Le site web de la marque Patagonia est conçu comme une plateforme d'éducation et d'inspiration. Il informe les visiteurs sur les enjeux environnementaux, les matières utilisées pour fabriquer les produits et les initiatives mises en place par la marque pour réduire son impact.

– la communication commerciale orientée vers le marché, qui vise à vendre un produit.

Ex. : Une campagne de publicité portant sur un parc aquatique aura pour objectif de faire connaître le parc et ses attractions et ainsi d'augmenter le nombre d'entrées.

2 La communication intégrée

A. Une stratégie de communication

■ La communication intégrée est une stratégie de communication qui consiste à utiliser de manière cohérente et efficace l'ensemble des moyens de communication à la disposition de l'organisation.

■ La cible principale de cette stratégie est très souvent les consommateurs pour les entreprises, les usagers pour les organisations publiques et les adhérents et donateurs pour les associations.

B. Les objectifs de la communication intégrée

■ Les objectifs principaux sont :
– de bénéficier d'effets de synergie grâce à l'utilisation simultanée de différents moyens de communication. Cela permettra de toucher la cible à de multiples reprises de manière différente mais au même moment ;
– de véhiculer une image positive de l'organisation ;
– de maximiser le retour sur investissement : la communication a un coût élevé qu'il faut rentabiliser. Des outils seront utilisés pour vérifier l'atteinte des objectifs initialement fixés.

À retenir !

■ La communication globale permet d'harmoniser la communication interne et externe de l'organisation. Pour se faire, l'organisation peut mettre en place une stratégie de communication intégrée afin d'accroître les effets escomptés.

L'identité de l'organisation

Les **technologies numériques** ont bouleversé les méthodes de communication dans les organisations. Ces dernières, à travers leur communication sur différents médias, cherchent à marquer leur **présence** et leur **identité** en étant vigilantes quant à leur **réputation**.

1 La marque employeur

- La « marque employeur » est l'ensemble des caractéristiques de la marque dans le champ des ressources humaines. L'organisation est identifiable à travers les éléments suivants : sa mission, ses métiers, sa culture d'entreprise, son management, ses valeurs (en lien avec la RSE), sa politique RH et sociale, son environnement de travail, etc.
- La marque employeur est également synonyme de « réputation employeur ». Il s'agit ici de l'image de l'entreprise en matière de ressources humaines auprès de ses salariés, des futurs postulants lors des recrutements mais également auprès des anciens salariés.
- Les enjeux de la marque employeur sont nombreux pour les entreprises. La bonne prise en compte de cet élément est source de performance.
- Les enjeux se déclinent en interne et en externe :

Enjeux en externe

L'entreprise se démarque des autres concurrents.	**Une communication positive**
L'image de certaines pratiques managériales perçue à l'extérieur de l'entreprise peut influencer de manière positive ou négative les clients ou prospects et ainsi augmenter ou réduire la part de marché. Il s'agit ici de sa réputation, son image de marque, sa notoriété.	en matière de ressources humaines attire les candidats potentiels. L'entreprise développe ainsi son vivier de talents grâce à une communication externe qui met en avant les avantages de l'organisation, l'ambiance de travail, les chiffres clés (chiffre d'affaires, nombre de salariés, nombre de clients), les engagements liés à la RSE (responsabilité sociale de l'entreprise), etc.

Enjeux en interne

Les salariés se sentent valorisés par l'image de l'entreprise dans laquelle ils travaillent – leurs fonctions au sein de l'entreprise contribuent à la bonne image de l'entreprise à l'extérieur.

Un sentiment d'appartenance émerge alors. Les salariés plus motivés, impliqués seront source de performance pour l'entreprise. Les taux de *turnover* et d'absentéisme sont restreints, ce qui permet de limiter les dépenses liées aux recrutements ou aux remplacements.

2 L'identité numérique (→ Fiche 51)

- L'identité numérique est l'ensemble des informations trouvées sur Internet qui correspondent à une organisation.

- Ces informations peuvent être mises en ligne de manière maîtrisée ou non. Les publications faites par l'organisation (site Internet, annonces, photographies, publicités) sont maîtrisées. Au contraire, les publications faites par des tierces personnes comme un avis sur un blog, un forum ou un article de journal sont considérées comme des contenus non maîtrisables.

3 La e-réputation

- La e-réputation est la perception qu'ont les internautes d'une organisation en fonction des éléments trouvés au sujet de cette dernière sur Internet.

- Pour véhiculer et préserver cette e-réputation, l'organisation doit être active de manière régulière. En effet, le numérique permet de garder trace de toutes les publications et de les retrouver de manière quasi-instantanée.

Remarque

Afin de garantir la e-réputation et la marque employeur, de nouveaux métiers apparaissent tels que le *community manager* (animateur de communautés Web) et le *social media manager* (gestionnaire de réseaux sociaux).

À retenir !

- Les notions de marque employeur et de e-réputation sont des concepts récents. Les organisations doivent veiller à l'importance de ces concepts, que ce soit en interne ou en externe afin de rester performantes.

La communication financière

Fiche 56

La communication financière consiste à informer les parties prenantes des **résultats comptables et financiers** passés et des perspectives à venir. L'organisation a une **obligation de transparence** vis-à-vis de ses partenaires.

1 Les besoins d'information des partenaires

Internes	**Dirigeant**	Le dirigeant a besoin d'une information financière fiable pour prendre des décisions.
	Syndicats	L'employeur est tenu de consulter le **comité social et économique (CSE)** sur les orientations stratégiques et financières.
Externes	**Clients et fournisseurs**	Ils ont besoin de connaître la santé financière de l'entreprise dans le cadre des transactions qu'ils effectuent.
	Apporteurs de capitaux (associés ou actionnaires)	Ils sont informés dans le cadre d'assemblées générales. L'entreprise leur communique les comptes, un rapport de gestion et explique les orientations stratégiques qu'elle adopte. Les investisseurs potentiels ont également besoin d'une information fiable.
	Administrations	Elles ont besoin de connaître la situation financière et sociale de l'entreprise dans le but de percevoir les impôts et les taxes mais également de lui apporter des soutiens éventuels (aides, subventions, etc.).

CSE

Le comité social et économique est l'instance de représentation du personnel dans l'entreprise. Il doit être mis en place dans les entreprises de plus de 11 salariés. Ses membres sont élus par les salariés de l'entreprise pour une durée maximale de 4 ans.

2 Le plan d'affaires (*business plan*)

- *Le business plan* est destiné à apporter des informations prévisionnelles à des investisseurs potentiels ou à informer les parties prenantes internes et externes sur les perspectives de développement :

Compte de résultat prévisionnel	Il apporte une information sur le résultat (bénéfice ou perte) de la période à venir et la composition des charges.
Bilan prévisionnel	Il permet d'avoir une vision des actifs de la société ainsi que de la structure de son endettement.
Budget (plan de financement) prévisionnel	Il est indispensable car il permet d'estimer les évolutions de la trésorerie au cours de la période à venir en regroupant toutes les recettes et toutes les dépenses. Il évalue notamment les besoins de financement.

Remarque

Les documents financiers prévisionnels servent à apporter une information aux investisseurs sur les perspectives de développement de l'entreprise.

3 Les formes de la communication financière

Forme	Support(s)
Publicité financière	• Publicités dans la presse économique. • Présentations et communiqués de presse.
Obligations légales	Publicité légale des comptes et des opérations telles qu'une offre publique d'achat dans un journal d'annonces légales.
Information des actionnaires	L'assemblée générale permet d'informer les actionnaires ou les associés (comptes et rapport d'activité).
Publicité sur le web	• Publication des éléments financiers et rapport d'activité sur le site institutionnel. • Publications sur les réseaux sociaux.

■ La multiplication des supports de communication permet de toucher toutes les cibles :
– les partenaires économiques ;
– les professionnels de la finance et les investisseurs ;
– les actionnaires ;
– le grand public.

À retenir !

■ La communication financière permet à l'entreprise d'informer ses parties prenantes. Chacune d'entre elles utilisera ces informations afin de prendre les décisions adéquates. Elle est également utile pour attirer des investisseurs potentiels.

L'éthique dans les entreprises

Fiche 57

Les parties prenantes de l'entreprise, et plus généralement des organisations attendent de plus en plus une **démarche responsable**, dans les domaines économique, social, écologique et sociétal.

1 La notion d'éthique

A. Définition et origine

■ Étymologiquement le mot « éthique », d'origine grecque, est un synonyme de « morale ». Il est donc rattaché à une notion philosophique.

■ Aujourd'hui, l'éthique est l'ensemble des règles et des valeurs édictées pour respecter des pratiques vertueuses, légales et morales. Leur élaboration fait suite à des pratiques de corruption, de ***lobbying*** et d'importantes affaires financières qui ont amené les organisations à s'interroger et remettre en question leurs comportements.

> ***Lobbying***
> Stratégie non-éthique qui consiste à faire pression auprès des décideurs dans le but de défendre ses propres intérêts sans prendre en compte les intérêts des autres parties prenantes.

B. L'éthique des affaires

■ L'éthique des affaires correspond à ce qui devrait être fait ou ce qui ne devrait pas être fait au nom de principes moraux dans le domaine des affaires. Ces principes ont pour but la prise en compte des intérêts de toutes les parties prenantes (internes et externes à l'organisation) dans les décisions prises par cette dernière.

■ Au niveau externe, les entreprises doivent prendre en compte les intérêts de leurs fournisseurs et de leurs clients dans leurs relations commerciales. Certaines entreprises de taille importante sont notamment susceptibles d'exercer un rapport de force dans la négociation des prix avec de petits fournisseurs, ce qui pourrait menacer la pérennité de ces derniers.

Ex. : Les grands distributeurs sont souvent critiqués pour leur manque d'éthique vis-à-vis des petits producteurs à qui ils imposent des prix d'achats trop bas ne couvrant parfois même pas les coûts de production.

2 Les outils liés à une pratique éthique

A. La charte éthique

■ Cet outil permet de rassurer les parties prenantes de l'organisation. Il garantit le respect des règles énoncées. C'est un moyen pour l'entreprise d'affirmer son positionnement éthique, d'asseoir son image et de maintenir sa réputation en véhiculant des valeurs humaines, de respect de l'environnement, etc.

Charte éthique
Document écrit qui rassemble les engagements, les règles, les valeurs et les pratiques qu'a choisi d'adopter et de respecter une organisation ou une profession.

■ Pour l'organisation qui l'adopte, la charte éthique représente une véritable vitrine qui permet d'affirmer des valeurs internes. Cependant, cette charte n'a pas de réelle portée juridique et constitue essentiellement un outil de communication externe.

B. Le code de déontologie

■ Le code de déontologie est un ensemble de règles éthiques élaborées par des organisations professionnelles, très souvent des associations professionnelles.

■ Elles ont pour objectifs de compléter les règles juridiques en matière de respect des règles éthiques et de loyauté.

■ Elles ne reposent donc pas sur un cadre légal mais sur le bon vouloir des entreprises qui veulent les appliquer.

■ Il existe une multitude de codes de déontologie relatifs à chaque domaine. En marketing, on peut en trouver plusieurs selon le domaine d'activité des entreprises :

Domaine	Organisme à l'origine du code de déontologie
Publicité	ARPP (Autorité de régulation professionnelle de la publicité)
Marketing direct	SNCO (Syndicat national de la communication directe)
Marketing et publicité mobile	MMA (Marketing mobile association)
Relations publiques, conseil, ingénierie, etc.	Syntec

À retenir !

■ Afin d'améliorer leur image, les organisations peuvent valoriser leurs pratiques éthiques grâce à des outils tels que la charte éthique ou le code de déontologie.

L'éthique dans les organisations de la société civile

Fiche 58

Les organisations de la société civile sont, par vocation, éthiques. Cependant, dans les faits, leurs **pratiques** ne respectent pas toujours les **valeurs** liées à leur finalité.

1 Les organisations civiques

A. Une éthique par nature…

Organisation civique
Association qui s'engage dans le domaine social, environnemental ou économique.

■ Les organisations civiques ont une utilité sociale, environnementale et économique. Elles disposent d'outils leur permettant de se développer avec des pratiques responsables.

Ex. : Le mécénat permet d'obtenir un soutien matériel et/ou financier de la part d'une entreprise, sans réelle contrepartie. C'est une aide pour les organisations civiques et un engagement sociétal pour les entreprises.

■ Les organisations civiques peuvent également jouer un rôle central en participant à des œuvres conduites avec des partenaires dans des actions d'intérêt général. C'est le cas avec la mise en place d'une démocratie participative. Les associations deviennent alors un intermédiaire entre les organisations publiques et les citoyens. Leur mission sera essentiellement de recueillir les avis ou d'élaborer des projets cohérents en fonction des politiques locales et des souhaits des citoyens. Les moyens de la mise en place d'une démocratie participative peuvent reposer sur l'organisation de consultations ou de concertations.

Ex. : La construction d'un *skatepark* dans un centre-ville peut être soumise à une démocratie participative avec une consultation sur l'intérêt de la structure et le choix de l'emplacement.

B. … mais des pratiques pas toujours éthiques

■ Cependant, la recherche de financements et d'équilibre budgétaire peuvent conduire les organisations civiques à des dérives et à certaines pratiques non-éthiques qui remettent en cause la finalité même de l'organisation civique.

■ De plus, certaines organisations de la société civile ne respectent pas toujours les parties prenantes et les autres acteurs pour atteindre leurs objectifs.

Ex. : Le Téléthon est très controversé depuis quelques années, notamment en ce qui concerne l'éthique animale. Cela a entraîné une baisse des dons.

2 Les organisations non gouvernementales et l'éthique

A. Les principales caractéristiques et finalités des ONG

■ Les organisations non gouvernementales (ONG) sont des associations d'intérêt public. Elles n'ont pas de finalité lucrative mais des missions relatives à l'humanitaire ou l'environnement. Elles ne sont pas dépendantes d'un État.

■ Les ONG sont devenues des acteurs incontournables dans de nombreux domaines comme la gestion de crise, l'environnement ou encore le respect des droits.

■ Grâce à leur taille et notoriété, elles peuvent inciter les pouvoirs étatiques à l'action et alarmer l'opinion publique.

Ex. : Amnesty International agit pour la défense et le respect de la Déclaration universelle des droits de l'homme dans le monde. Pour se faire, elle utilise différents moyens de pression, notamment les pétitions.

■ L'éthique repose sur le respect des **parties prenantes** internes comme externes.

Parties prenantes
Ensemble des acteurs qui peuvent être affectés par la mise en place d'un projet, d'une décision ou d'une action.

■ Pour attester de leur éthique, les ONG ont la possibilité d'utiliser des chartes et des labels tels que le label d'accréditation FERE. Ce dernier repose sur le respect d'un guide qui comprend différentes rubriques avec des critères portant sur l'organisation, la transparence, les projets, les finances, etc.

B. Des pratiques pas toujours éthiques

■ Les ONG souhaitent rester indépendantes mais, pour obtenir des financements, certaines vont à l'encontre de leur éthique. Leurs actions sont fortement influencées par la taille de leur budget et peuvent dériver vers des pratiques moins responsables.

■ De plus, si les intérêts individuels priment sur les intérêts collectifs, cela aura des répercussions sur l'éthique de l'organisation.

■ Les conséquences varient alors d'une simple baisse des dons, due à une détérioration de l'image, à la dissolution de l'ONG.

À retenir !

■ Tout comme les entreprises, les organisations de la société civile respectent des valeurs qui leur confèrent une certaine éthique. Cependant, l'attrait du gain induit parfois des pratiques douteuses dont les répercussions peuvent engendrer la dissolution de l'organisation.

Les limites de l'éthique

L'évolution des modes de consommation vers une **consommation plus responsable** a conduit certaines entreprises à utiliser l'argument écologique à des **fins purement mercantiles**.

1 Les enjeux de la prise en compte de l'environnement

A. Répondre à une demande grandissante

■ Dès la conception d'un produit, et jusqu'à sa commercialisation, l'entreprise doit prendre en compte les conséquences de son activité sur l'environnement.

■ La finalité environnementale d'une entreprise peut lui permettre de dégager des économies substantielles sur ses dépenses en énergie. Cela lui donne également l'occasion de proposer une offre correspondant aux attentes de la demande.

■ En effet, les tendances de consommation sont de plus en plus orientées vers une consommation plus respectueuse de l'environnement et le développement durable. Le consommateur souhaite une transparence concernant l'impact de sa consommation sur l'environnement. C'est pourquoi, il existe un indicateur de l'empreinte carbone spécifié sur les produits (biens ou services).

B. Se différencier de la concurrence

■ L'organisation qui a une finalité environnementale positionnera son offre comme durable et bénéficiera d'une image positive.

■ L'obtention d'un **label** responsable permettra de certifier ses engagements.

Ex. : Le label européen Écolabel certifie la démarche responsable de l'entreprise.

■ Ces nouvelles composantes de l'offre représentent des forces et devraient avoir des répercussions positives sur les ventes ainsi que sur l'attrait de la marque. Elles contribueront à la finalité économique.

Label
Marque collective et ensemble de signes distinctifs garantissant l'origine, la production ou la commercialisation d'une offre.

2 Le cas du *greenwashing*

A. Les caractéristiques de cette pratique

■ Dans sa recherche permanente de profit, l'entreprise peut être confrontée à ce choix de non-respect de l'éthique. En effet, l'éthique revêt une dimension sur le long terme et le profit doit trop souvent être immédiat. Dans ce contexte, les entreprises sont parfois tentées d'avoir recours à des pratiques non conformes à l'éthique.

■ Le *greenwashing* (ou éco-blanchiment en français) est une technique qui utilise des arguments écologiques et sociétaux à des fins purement marketing. Il permet de communiquer sur une supposée finalité sociétale afin de générer des profits.

B. Une pratique non-éthique

■ Le *greenwashing* est dénoncé par de nombreuses associations car l'engagement écologique porte essentiellement au niveau du discours publicitaire.

Ex. : Nutella a réalisé une campagne publicitaire avec comme argument principal : l'huile de palme utilisée est 100 % responsable. Or, la production d'huile de palme à grande échelle entraîne la déforestation, la destruction de l'écosystème, etc., et ne peut donc être considérée comme une production responsable et éthique.

■ Si le *greenwashing* repose sur un mensonge relatif aux caractéristiques intrinsèques du produit ou sur de faux labels, les dangers sur la santé des consommateurs et des citoyens sont réels. L'entreprise fait courir des risques à tous.

■ L'entreprise accusée de *greenwashing* s'expose à des conséquences fâcheuses :
– au niveau commercial : perte de la confiance de ses clients, dégradation de l'image de marque, baisse des ventes, voire campagne de boycott ;
– au niveau social : crise de confiance au sein de ses équipes, voire climat social perturbé ;
– au niveau juridique : l'entreprise peut aussi être poursuivie en justice pour publicité mensongère.

■ La finalité économique de l'organisation peut donc être impactée par cette pratique et sa pérennité est alors remise en cause.

■ De plus, si le *greenwashing* repose sur de fausses exclusivités, des preuves inexistantes, des informations insuffisantes ou des promesses disproportionnées, l'entreprise qui le pratique fausse le jeu de la concurrence puisque l'argument vert est un signe de différenciation mensonger. Cela peut avoir de lourdes conséquences pour les entreprises concurrentes en termes de part de marché, de compétitivité, etc.

À retenir !

■ Dans un contexte où la demande est soucieuse de l'environnement, l'organisation peut utiliser des arguments écologiques à des fins purement commerciales. Le principal risque est la découverte de la pratique du *greenwashing* qui pourrait mettre en cause la finalité économique.

La fiabilité de l'information financière

Afin de permettre la fiabilité et la rapidité des échanges entre l'entreprise et les parties prenantes, la production d'informations financières et de gestion obéit à des **règles** et des **conventions** (normalisation). Ces dernières évoluent dans le temps pour s'adapter aux caractéristiques de l'environnement technologique et économique.

1 La normalisation comptable

A. La tenue des comptes en partie double

- La partie double est le principe de base du système comptable et financier. Chaque opération doit être inscrite dans au moins deux comptes au débit ou au crédit.

Remarque
Le principe de la partie double consiste à inscrire un flux entrant au débit d'un compte et un flux sortant au crédit.

Total des débits = total des crédits

B. La codification comptable

- Les comptes utilisés par les entreprises et les associations sont réglementés et figurent dans le plan comptable général. La normalisation permet de disposer d'un cadre commun à toutes les organisations.

Ex. : Le compte 512 est celui qui va retracer toutes les opérations de trésorerie réalisées avec la banque.

2 Transparence et contrôle de l'information financière

A. La transparence de l'information financière

- L'adoption de règles communes pour la comptabilisation des différentes opérations et les techniques d'analyse financière (et de gestion) permet de fiabiliser l'information financière et de favoriser sa transparence.
- Les entreprises sont tenues de respecter des principes fixés par la loi dans la présentation de leurs comptes afin d'en présenter une image fidèle.

Ex. : Le principe de prudence oblige les entreprises à comptabiliser d'éventuelles pertes ou moins-values latentes même si elles ne se sont pas encore produites.

■ La diffusion de l'information financière (→ Fiche 56), est également un facteur de transparence.

Ex. : Les sociétés commerciales ont l'obligation de déposer leurs comptes annuels auprès du greffe du tribunal de commerce.

B. Le contrôle de l'information financière

■ Le contrôle légal et réglementaire est effectué par des professions réglementées (experts-comptables et commissaires aux comptes) et des administrations ou organismes spécifiques tels que l'administration fiscale ou l'autorité des marchés financiers.

Acteur	Type de contrôle
L'expert-comptable	Il est l'interlocuteur du chef d'entreprise et participe à l'élaboration de ses comptes.
Le commissaire aux comptes	Il contrôle les comptes annuels et assure de la transparence et de la sincérité des comptes.
L'autorité des marchés financiers (AMF)	Elle veille au bon fonctionnement des marchés financiers et surveille la régularité de l'information qui est délivrée par les entreprises.

Ex. : En 2014, l'AMF a condamné la Banque postale à payer 1,5 million d'euros d'amende pour avoir manqué à ses obligations légales d'information et de conseil auprès de clients souscripteurs d'actions et d'obligations.

■ Les marchés et les médias spécialisés exercent un rôle de contrôle grâce à leur mission d'analyse (notamment sur les sociétés cotées en bourse).

Ex. : Le journal *Les Échos* traite de l'actualité économique et financière en France et dans le monde.

À retenir !

■ Le bon fonctionnement de l'économie et du système financier impose que les informations financières délivrées soient fiables et sincères. La comptabilité et les règles d'établissement des comptes financiers doivent être normalisées. L'exigence de transparence des comptes fait l'objet de contrôles par de nombreux acteurs.

Les discriminations au travail

Fiche 61

Les actions des organisations peuvent permettre de lutter contre des pratiques posant des **questions d'éthique** pour favoriser l'égalité femmes-hommes ou encore la diversité. Ces sujets sont également encadrés par des **lois**.

1 Les mesures pour lutter contre les discriminations

■ En application de l'article L. 1132-1 du Code du travail, 23 critères de non-discrimination sont à prendre en compte dans la gestion des ressources humaines d'une entreprise : « Aucune personne ne peut être écartée d'une procédure de recrutement ou de l'accès à un stage ou à une période de formation en entreprise, aucun salarié ne peut être sanctionné, licencié ou faire l'objet d'une mesure discriminatoire, directe ou indirecte [...], en raison de son origine, de son sexe, de ses mœurs, de son orientation sexuelle, de son âge, de sa situation de famille ou de sa grossesse, de ses caractéristiques génétiques, de son appartenance ou de sa non-appartenance, vraie ou supposée, à une ethnie, une nation ou une race, de ses opinions politiques, de ses activités syndicales ou mutualistes, de ses convictions religieuses, de son apparence physique, de son nom de famille ou en raison de son état de santé ou de son handicap. »

Remarque

La loi Égalité et Citoyenneté du 27 janvier 2017 oblige désormais les professionnels chargés des missions de recrutement à suivre une formation à la non-discrimination à l'embauche. Cette obligation concerne les entreprises de plus de 300 salariés.

2 L'âge

■ Différents dispositifs sont mis en place pour favoriser l'emploi des plus jeunes et des seniors dans les organisations :
– L'État encourage l'embauche et le maintien dans l'emploi des seniors à travers la conclusion d'accords et de plans d'action seniors.
– Les employeurs peuvent, par ailleurs, demander le bénéfice d'une aide à l'embauche en contrat de professionnalisation pour les demandeurs d'emploi âgés de 45 ans et plus.
– Une aide financière versée par l'État peut également être accordée à une très petite entreprise (TPE) de moins de 11 salariés embauchant de jeunes apprentis, âgés de moins de 18 ans.

■ La transmission intergénérationnelle permet aux organisations de s'appuyer sur les connaissances des plus anciens afin de les transmettre aux plus jeunes ou aux moins expérimentés.

3 L'égalité femmes-hommes

■ La loi du 9 mai 2001 (articles L. 3221-1 à L. 3221-7 du Code du travail) donne un cadre réglementaire à la notion d'égalité femmes-hommes (rémunération, formation, organisation du travail).

Remarque
Le contrat pour la mixité des emplois et l'égalité professionnelle entre les femmes et les hommes peut être conclu entre l'État et l'employeur.

■ Malgré ce cadre légal, de nombreux écarts persistent.

Ex. : En 2017, le salaire moyen annuel des femmes était de 24 % inférieur à celui des hommes.

4 Le handicap

■ La loi du 10 juillet 1987 impose à toute entreprise privée de plus de 20 salariés de compter 6 % de personnes en situation de handicap dans son effectif.

■ Des aides financières peuvent aussi être attribuées à un employeur pour l'embauche d'une personne en situation de handicap en CDI ou en CDD d'une durée supérieure ou égale à 12 mois.

5 Les chartes et labels

■ Pour formaliser les démarches, les entreprises peuvent utiliser des chartes ou des labels, notamment :

La charte de la diversité

- Lancée fin 2004 par Claude Bébéar et Yazid Sabeg.
- Texte d'engagement proposé à la signature de toute entreprise, quelle que soit sa taille, qui condamne les discriminations dans le domaine de l'emploi et décide d'œuvrer en faveur de la diversité.

Le label Égalité professionnelle

- Créé en 2004, soutenu par l'État et les partenaires sociaux.
- Répond aux exigences d'un cahier des charges spécifique et à l'avis d'experts.
- Atteste du respect de l'égalité des droits entre les collaborateurs hommes et femmes.

Le label Diversité

- Créé en 2008 et propriété de l'État, délivré par AFNOR Certification.
- Vise à prévenir les discriminations et à promouvoir la diversité dans les secteurs public et privé.
- Reconnaît et fait connaître les bonnes pratiques de recrutement et d'évolution professionnelle valorisant la diversité dans la sphère du travail.

À retenir !

■ La diversité est une source de richesse pour les organisations. Elle est également visible par les clients, les usagers et les adhérents. Cet aspect est donc à prendre en compte en ce qui concerne l'image véhiculée.

Le rapport au travail

Le **contexte sociétal** dans lequel s'inscrivent les organisations amène des modifications dans la manière d'appréhender le travail. Ainsi, de **nouveaux comportements** apparaissent dans les relations de travail, transformant les relations hiérarchiques, les modes d'organisation du travail et donc la vie des salariés.

1 Les modes de travail

A. Le télétravail ou travail à distance (→ Fiche 6)

■ Le concept du télétravail ou travail à distance vient des États-Unis. Il permet au salarié d'effectuer sa mission de travail en dehors des murs de l'organisation. Le salarié peut travailler depuis chez lui ou bien depuis un espace dédié (espace de *coworking*).

Remarque

Ce mode de fonctionnement hors les murs est, bien évidemment, rendu possible par le développement des nouvelles technologies.

■ Pour que ce mode de travail fonctionne :
– le salarié doit posséder un espace de travail personnel, un outil informatique et une connexion Internet de qualité ;
– il a l'obligation de se rendre régulièrement dans les locaux de l'organisation.

■ Cette organisation du travail présente des avantages et des inconvénients aussi bien pour le salarié que pour l'organisation :

	Avantages	Inconvénients
Pour les salariés	• Autonomie. • Gestion du temps de travail. • Reconnaissance. • Pas de perte de temps dans les trajets.	Sentiment d'isolement.
Pour les entreprises	• Réduction des coûts. • Augmentation de la productivité.	Absence de contrôle permanent.

B. Le travail indépendant

■ Avec ce mode de travail, l'individu est indépendant, il n'est donc pas salarié de l'organisation.

■ Il devient un prestataire pour l'organisation.

- Ce dispositif comporte des avantages et des inconvénients pour les deux parties :

	Avantages	Inconvénients
Pour les prestataires	• Autonomie. • Meilleure gestion du temps de travail.	Pas de certitude sur le lien entre lui et l'organisation, donc risque financier.
Pour les entreprises	Réduction des coûts.	• Absence de contrôle permanent. • Éventuelle perte de compétences si le prestataire ne travaille plus pour l'organisation.

2 La technologie au service de ce changement

- Le travail indépendant et le télétravail sont possibles grâce aux évolutions technologiques dont les espaces de travail virtuel font partie.

- Il s'agit d'utiliser les applications de travail de manière dématérialisée *via* un espace digital personnel. Les outils et données de l'entreprise sont contenus sur un serveur indépendant et distant de l'entreprise et l'accès se fait grâce à Internet. Il y a donc un intermédiaire « virtuel » entre le salarié et l'entreprise.

- Les outils les plus répandus sont les suivants :

Cloud computing	• Système informatique permettant de délocaliser un grand nombre de services informatiques (stockage et sauvegarde des données, etc.) **sans devoir investir dans une infrastructure** (serveur, applications, etc.). • Il faut disposer de terminaux informatiques (de simples PC) et d'une connexion Internet de qualité.
DaaS *(Desktop as a Service)*	• Le DaaS va plus loin que la simple utilisation à la demande de logiciels en ligne (SaaS) et le stockage en ligne des données *(cloud)*. • L'accès à un véritable bureau virtuel en ligne se fait à partir de n'importe quel matériel connecté (ordinateur, tablette, téléphone) *via* une simple connexion à Internet. • Toutes les ressources de l'utilisateur sont stockées à distance.
VDI *(Virtual Desktop Infrastructure)*	• **Technique de virtualisation** permettant l'accès à une interface bureautique. • L'entreprise héberge son système d'exploitation en local et le VDI permet aux utilisateurs d'accéder *via* Internet à l'environnement de travail à distance.

À retenir !

- Les nouvelles formes de travail (télétravail et travail indépendant) comportent des avantages et des inconvénients pour le salarié (ou le prestataire) comme pour l'organisation. Elles sont rendues possibles grâce aux outils de travail virtuel accessibles depuis un ordinateur avec une connexion Internet.

Les nouveaux modes de consommation

Fiche 63

Dans un **environnement de plus en plus connecté,** les comportements des consommateurs évoluent et créent de nouveaux modes de consommation.

1 Les nouveaux comportements de consommation

A. L'impact du digital

■ Le développement du digital a impacté les organisations et a fait évoluer les modes de consommation. De nombreux outils tels que les plateformes d'intermédiation sont apparus.

■ Ces plateformes permettent de faciliter la mise en relation entre un demandeur et un offreur grâce au développement de services accessibles en ligne.

B. La prise en compte de l'écologie

■ Les préoccupations environnementales et l'impact de la consommation ont fait apparaître de nouveaux comportements de consommation :

– l'économie de la fonctionnalité : le consommateur n'oriente plus son achat vers un produit mais privilégie l'achat de son usage ;

Ex. : Pour se déplacer dans certaines grandes villes, les individus ont la possibilité d'acheter un vélo ou d'utiliser ceux proposés en libre-service.

– l'économie collaborative : ce modèle économique est fondé sur l'échange entre particuliers. Celui-ci peut porter sur des biens ou services mais aussi sur des connaissances ;

Ex. : Yakasaider est un site de mise en relation entre particuliers qui souhaitent s'entraider et échanger des services. Ici, ce qui est échangé c'est le temps.

– l'économie du partage : le mode de consommation est basé sur le partage entre les consommateurs soit de l'usage, soit de la consommation du produit ;

Ex. : La plateforme Blablacar permet de mettre en relation des particuliers qui souhaitent partager leur trajet en voiture.

– la consommation responsable : elle implique un engagement civique du consommateur qui devient très attentif aux modes de production et à l'impact écologique de sa consommation. Le consommateur, conscient que les ressources naturelles sont limitées, privilégie le développement durable dans ses actes ;

– le mouvement locavore : il prône une consommation locale (la production est située à moins de 250 km) afin de réduire l'impact environnemental de la consommation ;

– l'anti-consumérisme : ce mouvement est parti du constat que les modes de consommation actuels sont devenus insoutenables pour l'environnement et menacent la qualité du vivre ensemble. Les anti-consuméristes sont hostiles au marketing et à la surconsommation. Ils souhaitent une décroissance pour revenir à une consommation plus responsable et éthique. Ils utilisent des moyens d'action tels que :

Le boycott	Moyen de pression qui vise à refuser de consommer un produit ou un service émanant d'une entreprise, d'un pays, etc.
L'action en justice	Les associations de protection des consommateurs peuvent saisir le conseil de la concurrence pour faire valoir les droits de leurs adhérents.

– le glanage : cette pratique qui consiste à ramasser des fruits ou légumes laissés après les récoltes est encadrée par la loi et contribue à lutter contre le gaspillage alimentaire.

2 Les enjeux de la vie connectée

A. Les évolutions technologiques

■ Le consommateur d'aujourd'hui est hyperconnecté. Cela engendre l'apparition de nouveaux **objets connectés** et de droits pour protéger le client.

Objet connecté
Objet qui offre des fonctionnalités supplémentaires grâce à une connexion Internet.

Ex. : Une montre connectée permet d'intégrer des fonctions de communication telles que l'émission et la réception d'appels et de messages.

■ Une loi sur le droit à la déconnexion (août 2016) permet de préserver les temps de repos et de congés des salariés afin d'assurer le respect de leur vie privée.

B. L'éthique et le respect du consommateur

■ De nombreuses données sont ainsi récupérées par l'intermédiaire de cette vie connectée. Elles permettent de faciliter certaines démarches et simplifient des procédés qui pouvaient être complexes, notamment ceux relatifs à la collecte et à la saisie.

■ Cependant, ces données peuvent être utilisées à d'autres fins même de manière légale.

Ex. : L'utilisation des données de navigation permet de proposer des offres cohérentes liées aux préoccupations de l'internaute comme des bandeaux de publicité qui apparaissent avec des produits qui ont été précédemment consultés sur d'autres sites.

À retenir !

■ Les nouveaux comportements des consommateurs obligent les organisations à s'adapter. Le consommateur est aujourd'hui plus responsable et plus soucieux de ses pratiques. Il est aussi devenu ultra connecté avec l'avènement des nouvelles technologies et de l'ère Internet.

Les types de données

La **collecte**, le **stockage** et le **traitement** des données sont un enjeu majeur de compétitivité pour les entreprises. Il convient cependant de distinguer les **données stratégiques** des **données à caractère personnel**.

1 Les données personnelles

A. Les caractéristiques

■ Une donnée à caractère personnel est une information relative à une personne physique susceptible d'être identifiée directement ou indirectement.

Ex. de données à caractère personnel : Un nom, une photo, une empreinte, une adresse postale, une adresse mail, un numéro de téléphone, un numéro de sécurité sociale, un matricule interne, une adresse IP, un identifiant de connexion informatique, un enregistrement vocal, etc.

■ S'il est possible par recoupement de plusieurs informations ou, par l'utilisation de moyens techniques divers, d'identifier une personne, les données sont toujours considérées comme personnelles. En ce sens, constituent également des données à caractère personnel toutes les informations dont le recoupement permet d'identifier une personne précise.

Ex. : Une empreinte digitale, l'ADN, une date de naissance associée à une commune de résidence, etc.

B. L'essor des données personnelles

■ Les technologies de l'information et de la communication génèrent de nombreuses données personnelles (*ex.* : un paiement par carte bancaire, un appel passé par un téléphone portable, une connexion à Internet, etc.) et aussi des « traces informatiques » (→ Fiche 51) facilement exploitables grâce aux progrès des logiciels, notamment les moteurs de recherche.

■ L'essor des réseaux sociaux a, en particulier, considérablement accru l'importance des données personnelles sur le web.

Remarque

Les données sensibles sont des données personnelles qui font apparaître, directement ou indirectement, les origines raciales ou ethniques, les opinions politiques, philosophiques ou religieuses ou l'appartenance syndicale des personnes, ou qui sont relatives à la santé ou à la vie sexuelle de celles-ci.

2 Les données stratégiques

A. Les caractéristiques

■ Les données stratégiques d'une organisation recouvrent un champ plus vaste que les données personnelles.

■ Elles comprennent :
– les données personnelles ;
– les données et informations non personnelles qui revêtent un caractère déterminant dans la stratégie de l'organisation.

Ex. de données stratégiques non personnelles : Des plans industriels, des plans marketing, des procédés de fabrication, etc.

B. Des données à surveiller

■ Ces données peuvent faire l'objet de fuites ou d'espionnage de la part de concurrents.

■ Elles peuvent également être la cible de vols par des organisations criminelles qui cherchent à tirer profit de la vulnérabilité des systèmes d'information en organisant des opérations de rançonnage informatique.

Remarque

Le *ransomware* (ou rançonlogiciel) est un logiciel malveillant introduit dans le système d'information qui crypte les données. La clé de décryptage est fournie moyennant une rançon.

Actes de malveillance commis par des personnes extérieures	Comportements dangereux de collaborateurs internes
• Introduction d'un programme malveillant. • Accès au SI par un individu malveillant.	• Effacement de données par maladresse. • Introduction involontaire de programmes malveillants (ouverture d'e-mails frauduleux, clé USB infectée, etc.). • Perte d'identifiants, de mots de passe, etc.

■ Pour éviter le vol de ces données, l'organisation doit adopter des mesures de protection efficaces comme :
– le chiffrement des communications (cryptage) ;
– l'utilisation d'outils de surveillance du réseau ;
– la mise en place d'anti-logiciels malveillants et d'antivirus ;
– l'installation d'un pare-feu qui filtre les communications entre le réseau de l'organisation et Internet ;
– la formation des collaborateurs aux bonnes pratiques ;
– le déploiement de mesures de sécurité physique : sur la mise en place de procédures et de règles (***ex. :*** interdiction des clés USB) et sur le contrôle des accès physiques aux locaux (***ex. :*** badges, etc.).

À retenir !

■ Les organisations manipulent d'importants volumes de données parmi lesquelles des données stratégiques qui peuvent être à caractère personnel ou non. Il convient alors d'adopter des mesures pour éviter que celles-ci fassent l'objet de fuites ou de vols.

L'utilisation et la protection des données

L'exploitation des données personnelles oblige les organisations à respecter le **règlement général sur la protection des données** (RGPD). Les données stratégiques de l'organisation constituent un patrimoine qu'il convient de protéger.

1 Le règlement général sur la protection des données (RGPD)

A. Les caractéristiques

■ Le RGPD est un règlement européen qui date de 2016. Il a pour objectif d'harmoniser les législations relatives aux fichiers et aux données personnelles dans les différents pays de l'Union européenne.

■ Le RGPD remplace la loi Informatique et libertés adoptée en 1978 en France.

■ Le RGPD s'applique à toute organisation, publique ou privée, qui **traite des données personnelles** pour son compte ou non, dès lors :
– qu'elle est établie sur le territoire de l'Union européenne ;
– ou que son activité cible directement des résidents européens.

Traitement de données personnelles
Opération ou ensemble d'opérations portant sur des données personnelles, quel que soit le procédé utilisé.

B. L'application du RGPD dans les organisations

■ Le responsable du traitement des données dans l'organisation doit respecter six critères :

Critère	Explication	*Exemple*
La pertinence	Seules les données vraiment nécessaires doivent être collectées.	La profession n'est pas une donnée réellement nécessaire pour une société de livraison de pizzas à domicile.
La transparence	Les personnes qui font l'objet d'un traitement de données doivent pouvoir bénéficier d'une information claire et complète (sur ce traitement), qu'elle soit écrite (numérique ou non), orale, etc.	
Le respect des droits	Les demandes de consultation, de rectification ou de suppression des données doivent être satisfaites dans les meilleurs délais.	Le délai de réponse maximum à une demande de droit d'accès est de 1 mois.

La maîtrise	Le partage et la circulation des données personnelles doivent faire l'objet d'une protection.	Habilitations d'accès délivrées à un nombre restreint de personnes, cryptage des données pour la transmission, etc.
La gestion des risques	Les risques relatifs au traitement des données doivent être identifiés.	L'implantation de puces électroniques sous la peau pour remplacer les badges peut occasionner des risques pouvant peser sur les droits et les libertés.
La sécurité	Des mesures doivent être adoptées pour assurer la sécurité physique et informatique.	Sécurisation des serveurs, des accès physiques, etc.

■ De plus, les organisations doivent recueillir le consentement explicite et positif des individus concernés (application du principe de l'***opt-in***). Il n'est plus possible de proposer des cases précochées du type « J'accepte » sur les formulaires.

Opt-in et opt-out

- ***Opt-in*** : si l'individu n'a pas dit « oui », c'est « non » (case à cocher).
- ***Opt-out*** : si l'individu n'a pas dit « non », c'est « oui » (case à décocher pour refuser).

2 La Commission Nationale de l'Informatique et des Libertés

■ La CNIL est l'organisme indépendant français chargé de veiller au respect du RGPD. Elle dispose notamment de pouvoirs de sanction pécuniaire à l'égard des organisations non respectueuses de ce dernier. Elle peut également saisir les autorités judiciaires en cas de violation des droits et libertés.

■ La CNIL est également chargée de missions d'information des citoyens et des personnes morales sur leurs droits et leurs obligations.

À retenir !

■ Le RGPD fixe un cadre juridique commun aux pays de l'Union européenne. Les données personnelles hébergées hors de l'UE ne bénéficient pas des mêmes protections. Le respect du RGPD impose des devoirs aux organisations concernées qui doivent adapter leur système d'information en conséquence.

La loi pour une république numérique

Fiche 66

La loi numérique est une **loi majeure** pour le monde numérique et informatique. Elle apporte des précisions importantes sur des points qui faisaient jusque-là l'objet d'un vide juridique.

1 Les grands principes de la loi numérique

■ La loi numérique s'organise autour de trois axes :

Circulation des données et du savoir	• *Open data* (données ouvertes) et portabilité des données. • Transparence des algorithmes.
Protection des individus dans la société du numérique	• Réglementation du droit d'auteur sur Internet. • Reconnaissance du statut de joueur professionnel.
Accès au numérique pour tous	• Accessibilité aux sites Internet des services publics pour les personnes souffrant d'un handicap cognitif. • Couverture Internet des zones blanches (non encore desservies par les opérateurs).

■ La loi numérique permet de combler certains vides juridiques. Elle reconnaît ainsi les compétitions de e-sport comme des compétitions sportives à part entière. Le joueur professionnel de e-sport peut donc bénéficier d'un CDD e-sport d'une durée de 1 à 5 ans renouvelable indéfiniment.

2 La transparence des algorithmes

A. Une information intelligible pour le public

■ Les **algorithmes** de traitement de l'information utilisés par les administrations doivent être transparents, donc portés à la connaissance du public, uniquement lorsque les administrations prennent des décisions concernant les individus. C'est une disposition très importante de la loi numérique.

Algorithme
Programme informatique qui traite automatiquement les données.

■ Les algorithmes publics sont très nombreux :
– calcul du montant de la taxe d'habitation ;
– attribution d'une place en crèche à une famille ;
– attribution de prestations sociales ;
– mobilité des agents publics ;
– etc.

■ Avec la loi numérique, les administrations doivent donc informer le public :
– du degré d'importance de l'algorithme dans la prise de décision ;
– des données traitées et de leur source ;
– des opérations effectuées par le traitement.

Ex. : En 2018, le ministère de l'Éducation nationale a ouvert l'algorithme de traitement de la plateforme Parcoursup qui définit :
• l'ordre d'appel, c'est-à-dire celui dans lequel les propositions d'admission sont envoyées ;
• les propositions de formation.

B. Les difficultés rencontrées par les administrations

■ Un nombre important d'administrations éprouve des difficultés à se mettre en conformité avec la loi car il ne suffit pas de publier le code informatique de l'algorithme, il faut également expliquer son fonctionnement de façon intelligible pour le public.

Remarque
Depuis le 1er juillet 2020, les décisions à 100 % automatisées sont en mesure d'être contestées et considérées le cas échéant comme nulles, si l'administration est en incapacité d'expliquer l'algorithme utilisé.

3 Le numérique et le droit

■ Si la loi numérique permet de combler certains vides juridiques, son adaptation permanente aux réalités du monde numérique s'avère indispensable.

Ex. : En 2020, le Parlement a légiféré sur le statut de mineur influenceur afin d'encadrer cette pratique et de protéger les individus exerçant cette activité sur Internet.

■ Si la loi ne mentionne pas les activités numériques qui sont sujettes à un litige, ce sont les juges qui vont interpréter les textes existants pour les adapter au monde numérique (jurisprudence).

Ex. : La justice française a considéré que les éditeurs français étaient fondés à réclamer des droits d'auteur (droits voisins) aux moteurs de recherche comme Google qui reprennent des contenus éditoriaux (articles de presse, actualités, etc.) sur leurs pages.

À retenir !

■ La loi pour une république numérique favorise la transparence de l'information détenue et délivrée par les administrations. De plus, elle permet de protéger les individus face au numérique et de garantir son accessibilité.

La chaîne de blocs (*blockchain*)

La chaîne de blocs (*blockchain*) est une technologie permettant de **stocker et transmettre des informations de manière sécurisée,** sans organe de contrôle centralisé.

1 Le fonctionnement d'une chaîne de blocs

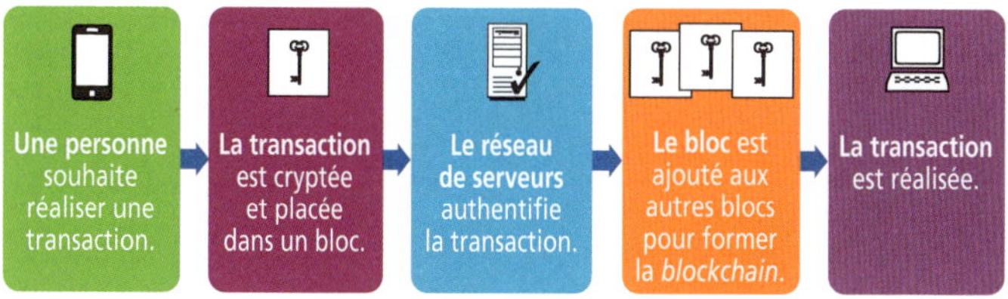

■ Un bloc est un élément de code informatique contenant les informations de la transaction.

■ La *blockchain* est décentralisée car les blocs ne sont pas stockés sur un serveur unique mais sur les ordinateurs des différents utilisateurs qui constituent les nœuds du réseau de *blockchain*.

■ La chaîne de blocs est sans intermédiaire, la transaction est effectuée directement.

Remarque
Chaque transaction doit être authentifiée et confirmée par un tiers avant d'être inscrite dans la chaîne de blocs. Cette étape s'appelle le « minage ». La ferme de minage est le lieu qui regroupe les ordinateurs qui permettent de valider les transactions.

Ex. : Les assurances commencent à développer des processus de règlement de litiges courants par chaîne de blocs de façon automatique.

2 Les avantages de la *blockchain*

■ La rapidité des transactions car l'ajout d'un bloc contenant les informations de la transaction est extrêmement rapide.

■ La sécurité des transactions car le stockage est décentralisé donc il est plus difficile d'identifier un point d'accès.

■ Une productivité accrue car la décentralisation du stockage diminue les coûts.

■ La fiabilité car chaque nœud du réseau stocke l'ensemble des informations de la *blockchain*. La défaillance d'un ou plusieurs utilisateurs n'entraîne donc pas de pertes de données.

3 Les applications

■ Trois grands domaines sont concernés par la *blockchain* :
– les transferts d'actifs (monnaie, titres, actions) ;
– la traçabilité ;
– l'exécution des contrats.

Les monnaies virtuelles	Les transactions financières	La traçabilité	Les assurances
Les transactions en *bitcoins* utilisent le système de la chaîne de blocs.	Les banques commencent à utiliser cette technologie pour effectuer des transactions sur les marchés financiers (bourse).	Les distributeurs utilisent les chaînes de blocs pour garantir la traçabilité des aliments.	Les assurances ont commencé à mettre en place des transactions de type *blockchain* pour les dossiers d'indemnisation.

Remarque

D'autres secteurs commencent à s'ouvrir à cette technologie tels que le secteur énergétique en ce qui concerne les transactions liées à la production et à la revente d'énergie dans le cadre des réseaux locaux de production.

4 Le cadre juridique

■ Depuis 2017, le droit français reconnaît la chaîne de blocs comme une technologie souple, transparente, rapide et sécurisée dans le cadre de transactions.

■ Cependant cette technologie fonctionne sans intermédiaire, et certains processus nécessitent toujours la validation d'autorités compétentes.

Ex. : Un transfert de propriété (vente immobilière) ne peut pas s'effectuer grâce à cette technologie car il nécessite l'intervention d'un notaire.

À retenir !

■ La *blockchain* est un système d'archives numériques sécurisé et décentralisé contenant l'historique de toutes les transactions. Il fonctionne sans intermédiaire entre les différents acteurs d'une transaction.

Les stratégies d'implantation et les partenariats

Les organisations sont implantées sur un **territoire** et intégrées dans un **écosystème** qui peuvent leur fournir de nombreuses ressources : humaines, financières et fiscales, organisationnelles, numériques, etc.

1 Les stratégies d'implantation

A. Les stratégies liées à des objectifs communs

- Les organisations doivent réfléchir à leur implantation géographique afin de bénéficier des avantages de leur écosystème.

> **Remarque**
> Le développement du numérique permet aujourd'hui d'élargir ces notions au-delà de la stricte dimension territoriale.

- Elles pourront choisir de se domicilier en fonction :
– des écosystèmes d'affaires : ce sont des territoires qui regroupent plusieurs acteurs interdépendants issus de domaines d'activité différents autour d'une vision stratégique commune. C'est donc une logique de coopération ;
– des grappes d'entreprises (*cluster*) : ce sont des espaces apparus dans les années 1980 qui se caractérisent par des interactions fortes entre les acteurs du privé et du public en lien avec un type d'activité. Ces acteurs partagent des objectifs communs ou complémentaires sur un territoire donné.

Ex. : Un *cluster* très connu lié aux nouvelles technologies est la Silicon Valley en Californie. Il permet de mettre en relation sur un même territoire des acteurs publics, universitaires et privés.

B. Les stratégies liées à l'innovation

- Dans un environnement instable, pour obtenir et/ou maintenir son avantage concurrentiel, une organisation se doit d'innover.
- Les évolutions du numérique ont bouleversé les pratiques des organisations en termes d'innovation.
- La lourdeur de certaines structures peut être un frein à l'innovation. C'est pourquoi se créent des communautés d'acteurs afin de travailler en interaction et de créer une dynamique d'émulation.
- Ces écosystèmes d'innovation sont un ensemble d'acteurs – organisations publiques, entreprises, universités, investisseurs, etc. – qui interagissent en faveur de l'innovation.

2 Les partenariats

A. Les différents partenaires

■ Les organisations n'agissent pas seules et les relations de partenariat qu'elles tissent se traduisent par la création de réseaux d'acteurs.

■ Il est possible d'en distinguer plusieurs dont :
– le pôle de compétitivité : c'est un regroupement d'entreprises sur un même territoire autour d'une même filière ;
– le campus des métiers et des qualifications : ce réseau de partenaires développe, sur un territoire donné, des formations technologiques, professionnelles et universitaires autour d'une même filière. Un label « campus des métiers et des qualifications » a été créé en 2014 afin de pouvoir clairement les identifier.

■ Ces partenariats permettent de structurer les territoires et d'améliorer leur attractivité.

B. Le rôle des pouvoirs publics

■ Les pouvoirs publics locaux jouent également un rôle déterminant dans la recherche de compétitivité des territoires.

Remarque

Les inégalités d'accès au numérique sur le territoire ont des incidences sur la localisation des acteurs économiques qui recherchent des lieux avec une forte accessibilité numérique.

■ Ils peuvent mettre en place :
– une valorisation des ressources locales ;
– des plans d'accompagnement ;
– des ruches d'entreprises (structures qui mettent à la disposition des entreprises les outils et les locaux nécessaires à leur développement).

À retenir !

■ Lors de leur implantation, les organisations doivent choisir un territoire en fonction de son attractivité. Elles devront prendre en compte leur volonté d'établir des partenariats avec les acteurs du micro-environnement et leur stratégie d'innovation.

Les effets des organisations sur leur écosystème

L'activité des organisations produit des **effets sur leur environnement local**. Ces effets peuvent être de nature économique, démographique, éducative, sociale ou encore culturelle.

1 Les différents effets des organisations

A. Les effets économiques et démographiques

- La création et le développement d'entreprises engendrent des conséquences sur le micro-environnement, notamment au niveau économique et démographique. En effet, une entreprise qui crée de l'emploi va automatiquement avoir un impact positif sur le taux de chômage local.
- Ces retombées positives permettent également d'attirer de nouveaux citoyens. Ceci induira une augmentation démographique qui aura pour conséquence le développement des commerces, l'ouverture de classes dans les écoles ou encore la construction de structures sportives et culturelles. La principale répercussion est donc une meilleure attractivité du territoire.

B. Les effets écologiques

- L'activité des organisations a des conséquences écologiques. Ces effets peuvent être négatifs ou positifs et concernent des nuisances liées à une pollution chimique, olfactive, sonore, visuelle, etc.
- Certaines organisations sensibles à la cause écologique et soucieuses de leur image agissent afin de réduire l'impact de leur activité sur l'environnement. Elles peuvent notamment contribuer au recyclage de leurs déchets, améliorer leur *process* pour devenir moins polluantes, investir dans des énergies renouvelables, etc.

C. Les effets culturels

- L'entreprise peut également avoir un impact sur la culture grâce à des actions de **mécénat**. Il est possible de distinguer trois formes de mécénat :

– Le mécénat financier. Cette forme de mécénat consiste pour une organisation à procéder à des dons financiers.

***Ex.* :** Des milliers d'entreprises ont effectué des dons pour reconstruire Notre-Dame de Paris après l'incendie qui l'a dévastée en 2019.

Mécénat
Soutien d'une entreprise à une œuvre ou à un projet d'intérêt général sans contrepartie directe, excepté des aides fiscales. Néanmoins l'organisation espère en tirer un profit indirect par une amélioration de son image.

– Le mécénat de compétences. Cette forme de mécénat consiste à mettre à disposition les compétences des ressources humaines d'une organisation au profit d'un projet d'intérêt général.

Ex. : À la suite de l'incendie de Notre-Dame de Paris, certaines entreprises mécènes ont mis à disposition leurs compétences techniques architecturales pour la reconstruction.

– Le mécénat par nature. Ce mécénat consiste à mettre à disposition, sans contrepartie directe, une ressource matérielle ou des produits au bénéfice d'un projet d'intérêt général.

Ex. : Toujours dans le cas de la reconstruction de Notre-Dame de Paris, des entreprises forestières ont fait des dons de bois de chêne haut de gamme.

2 Les impacts des organisations sur leur écosystème

A. L'impact de la finalité sociétale sur la finalité économique

■ L'organisation peut prendre en compte ces différents impacts sur son écosystème et choisir une finalité sociétale.

■ Cette décision aura un impact sur l'ensemble de sa démarche stratégique et notamment sur ses choix stratégiques. C'est le cas d'une entreprise qui a externalisé une partie de sa production en délocalisant et qui décide de la réintégrer ou de la rapatrier soit en sous-traitance locale soit directement dans ses propres locaux. Grâce à cette décision l'entreprise améliorera son image. Elle sera perçue comme responsable ce qui sera bénéfique pour ses ventes futures.

Ex. : La maison Hermès est attachée à construire des relations durables avec ses partenaires locaux. La marque a ouvert un deuxième atelier de maroquinerie de luxe dans le Puy-de-Dôme en 2020 et a ainsi créé 250 emplois. Cela renforce son image de luxe.

B. L'impact de la finalité sociale sur la finalité économique

■ Une entreprise qui se soucie du bien-être de ses ressources humaines engendrera des salariés motivés et un fort sentiment d'appartenance à l'organisation.

■ Un salarié motivé est plus performant ce qui aura pour conséquence l'augmentation de la performance globale de l'organisation (→ Fiche 46).

À retenir !

■ Les décisions stratégiques des organisations ont une influence positive ou négative importante au niveau local. La prise en compte de ces effets dans le processus de décision est l'une des dimensions de la responsabilité sociétale et sociale des organisations.